乡村振兴·农民教育培训系列教材

乡村社会事务管理

殷 曼 侯殿江 王 伟 主编

中国农业科学技术出版社

图书在版编目(CIP)数据

乡村社会事务管理 / 殷曼，侯殿江，王伟主编 . --北京：中国农业科学技术出版社，2023.5（2025.4重印）

ISBN 978-7-5116-6241-5

Ⅰ.①乡… Ⅱ.①殷… ②侯… ③王… Ⅲ.①农村-社会管理-中国 Ⅳ.①C912.82

中国国家版本馆 CIP 数据核字(2023)第 052625 号

责任编辑 王惟萍
责任校对 王 彦
责任印制 姜义伟 王思文

出 版 者 中国农业科学技术出版社
北京市中关村南大街 12 号 邮编：100081
电 话 (010) 82106643（编辑室） (010) 82109702（发行部）
(010) 82109709（读者服务部）
网 址 https://castp.caas.cn
经 销 者 各地新华书店
印 刷 者 北京捷迅佳彩印刷有限公司
开 本 140 mm×203 mm 1/32
印 张 5.5
字 数 143 千字
版 次 2023 年 5 月第 1 版 2025 年 4 月第 4 次印刷
定 价 25.60 元

《乡村社会事务管理》

编 委 会

主　编　殷　曼　侯殿江　王　伟

副主编　孙浩媛　王子怡　吴志苹

　　　　宇金玲　李宝伟　吴楠君

编　委　钱山林　杨　洁　孟立乔

　　　　梁文娟　刘红益　吴　穷

　　　　卢锋艳　任喜平　崔丽鑫

前言

乡村治理是国家治理的基石，是乡村振兴的基础。乡村社会事务管理是落实乡村治理的着力点和落脚点，乡村社会事务管理工作的规范化是发展基层民主，增强基层组织凝聚力和战斗力，构建和谐农村社会，推动广大农村党员干部和群众积极参与民主决策、民主管理、民主监督，维护村集体、村干部、村民利益的根本途径。

乡村社会事务包括乡村人口、教育、卫生、文化、土地、基础建设、环境、社会保障等多个方面和领域。乡村社会事务的发展程度，与广大农民群众的切身利益和发展需要密切相关。

本书是一部关于乡村社会事务管理工作的实用教材，内容涉及乡村社会事务管理概述、乡村人口管理、乡村教育管理、乡村医疗卫生管理、乡村文化管理、乡村社会保障管理、乡村土地资源管理、乡村基础设施建设管理、乡村环境管理。本书内容丰富、语言通俗、技术实用，适合广大农村干部及农村工作者学习、培训使用。

由于时间仓促及作者水平所限，疏漏在所难免，恳请读者批评指正。

编　者

2023 年 3 月

目录

第一章 乡村社会事务管理概述

第一节 乡村社会事务的含义

一、乡村社会事务相关概念

社会事务是指那些以满足社会公共需要为基本目标，直接、间接为国民经济或社会生活提供服务，并且不以营利为目的的社会活动。它是衡量社会发展的重要指标，是经济发展的出发点和落脚点，我国政府提出建设和谐社会，社会事务发展的水平、社会事务的完善与否，直接关系到社会是否和谐。

乡村社会事务是指面向乡村全体成员，以提高乡村居民文化素质，改善乡村居民生活质量和生活环境为目标，为乡村社会经济发展提供各种公共服务的社会活动和服务体系。

二、乡村社会事务管理现状

在农村地区，乡村级组织直接面对和服务群众，良好的乡村社会事务管理涉及群众的重要利益，因此，对乡村社会事务的有序和有效的管理是乡村振兴的基本。

当前我国乡村社会事务管理存在一些问题。例如，一些基层干部在乡村社会事务管理中的权利和责任尚不清楚，处理社会事务没有标准，并且缺乏有效、科学、规范的治理系统和方法。同时，我国乡村各项社会事务的发展相对滞后，人口素质有待提高，文化、教育事务都亟待发展，乡村社会事务的基础设施比较薄弱，社会保障体系还需健全，因此，如何完善乡村社会事务发展的运行机制，改进乡村社会事务的管理体制，优化乡村社会事务管理资源的配置，加大对乡村社会事务的投入，是我国实现乡村振兴中面临的重要问题。

第二节　乡村社会事务管理的概念和特点

一、乡村社会事务管理的概念

乡村社会事务管理是指政府根据乡村社会经济协调发展的规划，对乡村的资源、村级政务、人口、文化、教育、科技、医疗、社会保障、社会秩序等社会事务的发展进行规划、组织和控制，从而保障乡村社会良性运行的社会活动。

乡村社会事务管理必须根据社会经济发展的规划，制定出科学合理的发展目标和管理机制。乡村社会事务管理的责任主体是地方政府。因为地方政府作为乡村公共权力的主体和乡村社会事务的管理者，掌握着乡村社会的资源，具备行政法规的制定权和行政执法权，所以有能力向社会提供公共产品。乡村社会的参与者是广大的乡村居民群众，乡村社会事务管理是一项需要广大农民群众参与的系统工程。按照“地方政府主导，农民广泛参与”的原则，构建服务型政府，积极培育乡村各种社会组织，让它们来承担一部分社会事务管理的职能。

二、乡村社会事务管理的特征

（一）非营利性

乡村社会事务管理的目标是运用公共权力和公共资源，为乡村居民的生存和发展创造条件，更好地满足乡村社会的各种公共需要。它不同于工商企业管理，不以营利为目的，不追求利润和经济效益。社会事务管理更多地追求社会整体和长期的效益，例如提供给乡村居民以文化教育、环境保护、基础设施等领域的投入。政府在这里充当投资的主体，需要投入大量的人力和物力，在这些领域的投入见效慢、周期长、回报率低，乡村居民可以无偿享受这种服务，不需要缴纳任何费用。地方政府需要转变观念，使管理型政府转为服务型政府，努力为乡村居民群众提供高质量的公共服务。不能把营利当作管理的目标，也不能滥用权力，以权谋私影响干群关系，损害人民公仆的形象和威信。

（二）强制性

社会事务管理的主体是地方政府部门，具有较大的强制性。当前我国社会事务管理的现实：大量的行政立法和政策规章制度都体现了一定的强制性，如基础设施、公共服务的价格管制，技术教育、社会保障、卫生医疗服务等法律规定。管理者在行使公共管理权力时，不能随心所欲，本身必须模范遵守有关的法律法规，提供自身素质，真正做到公正、公开、公平。

（三）复杂性

这是由于乡村社会人口要素和社会心理要素决定的。社会事务管理涉及乡村社会活动、社会关系、社会生活的方方面面，涉及乡村社会各种不同的阶层，具有复杂性，如人口管理，乡村外出务工的人数多，人口流动频繁，国家对人口流动的管理，没有形成全国“一盘棋”的格局，流动人口管理的体制、机制不健全，流动人口的计划生育管理面临着极大的困难。社会事务管理的特点，决定了它不仅需要各级政府部门的协调配合，也需要乡村广大居民群众的支持和参与。

此外，乡村社会事务的规划还必须建立在对乡村社会事务发展进行科学预测的基础上，体现出一定的前瞻性。

第三节 乡村社会事务管理的职能、手段和目标

一、乡村社会事务管理的职能

（一）计划职能

乡村社会事务的计划包括 3 个方面：一是合理地确定各项社会事务发展工作重点和目标，在速度、比例和规模方面，搞好综合平衡，各项社会事务的发展，与国民经济发展的水平和当地村民的实际需要相适应；二是根据国民经济和乡村社会发展的总体目标，研究和制定相应的乡村政策和措施，确保具体目标的实现；三是合理利用乡村的人力、物力和财力，取得最佳的社会效益和经济效益。

乡村社会事务的计划，也分为长期计划、中期计划和短期计划。长期计划主要着眼于长远的公共需要和公共利益。短期计划是长期计划的具体化，主要解决乡村社会事务发展中遇到的问题。乡村社会事务的计划需要遵循 3 个重要原则。

1. 经济发展与乡村社会事务发展相统一的原则

经济增长和乡村社会发展相辅相成，经济增长是乡村社会发展的基础，乡村社会事务发展又是经济稳步增长的一个前提和保障，两者是相互依赖、相互促进。如果长期乡村社会发展滞后于乡村经济发展，那么不但不能满足乡村居民的需求，还妨碍经济的持续和稳定发展，因此，在制订计划的时候，一定要坚持以和谐社会为最终目标，做到经济与社会的协调发展。

2. 因地制宜的原则

我国东部、中部和西部地区的乡村经济发展水平不同，即使

在同类地区，各个地方之间的情况也不完全一样，所以乡村社会事务的发展重点也各不相同，应该以乡村为单位，因地制宜，科学制订乡村社会事务发展的中长期计划，确定乡村社会事务发展的主攻方向。如在西部地区，乡村事务的发展重点应放在乡村卫生事务管理方面；东部地区重点考虑的是乡村社会保障管理、乡村自然资源管理等方面。

3. 循序渐进的原则

乡村社会事务发展计划要根据国情、财力和乡村居民对社会事务的需求程度来区别轻重缓急，有所为有所不为。乡村义务教育管理和公共医疗卫生事务必须优先发展，乡村义务教育关系到乡村居民的文化素质和劳动技能的提高，而公共医疗卫生事务，又关系到乡村居民的身体健康和生命安全，所以现阶段乡村社会事务发展的重点是这两方面，然后才是其他方面的推进。

（二）整合职能

在乡村社会事务管理中，像教育、卫生、民政、环保、公安等领域，都掌握一定的资源，但是资源不能共享，社会事务发展重复建设，导致了我国资源不能有效配置，甚至存在着严重的资源浪费，所以，应当对各个部门、各个系统的资源进行有效的整合，发挥每个部门的资源优势，实行统一规划，集中使用，以期发挥更大的效用。采取地方配合、乡村组织、农民参与的运作方式，按照乡村社会事务管理的规划来组织实施。

（三）服务职能

乡村社会事务是一种公共产品，主要是面向全体乡村居民，为乡村居民提供公共物品和劳务，具有很强的社会公益性。乡村义务教育和社会保障的管理，最终目的是提高乡村居民的文化素质和社会待遇。乡村社会保障管理、乡村自然资源管理和村级政务管理目的是改善乡村居民的生产和生活的状态，为乡村社会的经济发展，营造更加和谐的社会环境。

（四）控制职能

政府要发挥主导作用。地方政府根据社会事务发展的计划和有关的规范，对各项活动和行为进行引导、约束和限制。从而实现预期的目标，地方政府履行控制职能，建立有效的控制系统，制定科学的控制标准，不断地进行检查、监督，对管理过程中发生的各种行为进行引导、约束和调解。

二、乡村社会事务管理的手段

（一）法律手段

在乡村社会事务管理中，运用法律手段，在行政上引进法律的机制，依法规范行政职能、行政行为、行政程序和行政监督，提高管理主体的法律意识和依法管理的能力。对违法行为坚决查处，确保法律的权威性，使社会事务管理能够高效、有序地进行，我国乡村居民法律意识不强，法律的观念比较淡薄，在推进乡村民主化建设的同时，加大乡村法制教育和建设的力度，将乡村社会事务工作纳入法治化的轨道。在工作中可以从4个方面着手。一是推进乡村的立法工作，构建一个完整的法律体系，防止乡村管理部门滥用职权，随意管理。近年来，我国立法部门开始重视构建乡村法律体系建设，关于农业方面的法律相继出台，但还需要全方位立法，保障乡村社会管理事务发展。二是继续抓好乡村的普法教育工作，要不断加强普法教育工作，提高乡村的干部群众法律观念，增强法律意识。三是建立监督机制，使管理部门和管理人员能够及时有效地评估管理活动的结果，采取必要的措施，预防管理中可能会出现的问题。四是建立健全乡村的法律援助制度，为乡村弱势群体提供法律保护。

（二）行政手段

依靠政府行政组织的权力，运用政策、规定及各项条例，逐级实施管理，行政手段具有很强的权威性、针对性和有效性。注意管理决策，管理科学合理，提高领导者的视野和素质。一是必须符合客观规律，避免个人意志和官僚主义。二是掌握政府行政管理的职能，不能随意扩大行政手段的运用范围，更不能滥用行政权力。三是建立责任与考核的机制，将社会事务的各项指标，作为一个硬指标，作为为乡村居民办实事的一个政绩的考核内容。四是提高领导自身的素质，改进管理的效率。

（三）经济手段

一是通过政府的财政投资和财政补贴，来影响各种乡村社会事务发展的规模和速度，调节乡村社会事务内部之间的比例关系，加快公共财政体系的建设，确保政府财政对社会事务支持。二是通过表彰、奖励或惩戒等手段，对乡村社会事务管理的人员，进行业绩考核，根据业绩的状况，进行奖惩，更好地促进管理人员提高业务能力，改进工作方法。三是在乡村社会事务管理过程中，对不服从命令，违反政策和法律的乡村居民，进行经济处罚。四是通过多元化的筹资手段，增加乡村社会事务的投入。乡村社会事务的发展需要一定的资金，但我国目前的经济发展水平和国家的经济实力决定了政府不可能在短期内对乡村社会事务管理有大幅度的投入。因此要进一步协调政府、社会和市场三方面的关系，来吸引社会各方面，把资金投向乡村社会事务。

（四）宣传教育手段

对乡村居民要进行理想、道德、文化、纪律方面的教育，同时还要进行乡村社会事务知识方面的教育，加大宣传教育的力度，提高农民整体的思想政治素养和科学政治素质，使农民能够理解社会事务建设的重要性。采取一些乡村居民喜闻乐见的形式，灵活地开展工作。结合实际，解决实际问题，做到精神与物质并重。

各种手段，相辅相成。在乡村社会事务管理工作中，既可以使用一种手段，也可以多种手段并用，目的是促进我国乡村社会事务管理获得大发展。

三、乡村社会事务管理的目标

（一）依法治理乡村

乡村依法治理工作应合理抢抓时间，内容贴近乡村实际，以适应乡村生产生活需要为出发点。讲究实效，以化解乡村居民中产生的纠纷，维护稳定。各级、各部门要建立共同参与，齐抓共管，常抓不懈工作机制，发挥人民调解、法律服务和法律援助机构的职能作用，利用解决民间纠纷，广泛宣传法律，有效地维护社会秩序。力求讲究实用性，以有效地推进经济建设，促进地方发展。

（二）依法规范管理，处理好国家与社会、国家与乡村、国家与农民的关系

乡村社会事务管理是中国社会管理的重要内容。村民委员会的成员既是国家在乡村社会事务的管理者，又是农民利益的代言人。在乡村社会管理中，要通过依法规范管理行为达到国家与村民之间的利益平衡，追求管理效益的最大化。既能够有效地把党的政策、国家的法律传达到乡村，又要保护乡村居民的利益，反映村情民意。村民委员会来实现国家法律赋予的各种自我管理和民主管理的义务和权利，在乡村社会事务管理工作中，乡镇的党政机关和乡村的工作干部，如何依法实施国家赋予的管理职能，同时又体现出法律赋予乡村这种自治组织的管理和村民的自我管理的原则，处理好管理过程中，国家与社会、国家与乡村、国家

与农民之间的复杂关系，是我们乡村社会事务的一个目标。

（三）提高乡村干部的素质

乡村社会事务管理的顺利进行，包括乡村的社会治安、乡村社会的稳定发展、乡村的社会主义精神文明建设和民主建设，需要一大批高素质的基层干部。需要乡村干部不断地学习乡村社会管理知识，完善知识结构，提高工作能力，为乡村社会发展，作出较大的贡献。

（四）维护乡村社会秩序和乡村社会稳定

管理工作需要通过科学的手段，通过人性化的方式，制订切合当地实际的管理任务，协调各个管理部门管理职能，保障乡村社会管理的秩序达到稳定。

第二章 乡村人口管理

第一节 人口管理概述

一、人口的基本特征

乡村人口是指一定时期内居住在乡村区域内的一定数量和质量的人口总称。目前，我国处于社会转型的重要时期，在工业化和城镇化驱使下，乡村劳动力出现了大量转移，我国乡村人口现状除了表现出人口基数大、比重高、自然增长率高、科技文化素质低等传统特性外，也呈现出乡村人口的老龄化、大量乡村流动人口和乡村留守人口等现代化的特征。

二、人口的结构特征

乡村人口结构是乡村人口的一个重要方面，是指依据乡村人口所具有的不同质的规定性来划分的乡村总人口内部各个组成部分的比例关系及其相互关系。根据乡村人口结构的自然、经济和社会的不同属性，可以将其划分为乡村人口自然结构、经济结构和社会结构。乡村人口自然结构是按人口的自然特征来划分的，是乡村人口最基本的结构，包括年龄结构、性别结构和地区结构。其中，乡村人口自然结构的变动对乡村人口再生产的规模和速度，对乡村人口的总体发展具有基础性的影响，对乡村经济社会的发展具有极其重要的作用。它是乡村乃至国家人口进行预测、制定人口发展战略和相应人口政策，以及制定乡村社会经济发展规划的重要依据。

（一）年龄结构特征

乡村人口的年龄结构是指按年龄组划分的乡村人口（0~14岁、15~64岁、65岁及以上3个年龄组）及其在总人口中的比例关系。其中，0~14岁少儿人口、65岁及以上人口统称为被抚养人口，15~64岁被称为劳动人口。在经济社会的发展中，不同年龄结构的人口在人口结构体系中的作用是不相同的。掌握人口年龄结构有利于制定各种社会发展规划和社会服务计划，有利于把握由人口结构建构起来的各种社会关系和社会力量构成的变化，这些都对我国乡村社会事业的管理和发展起着重要的指导作用。

（二）性别结构特征

人口的性别结构是指人口中男女两性各自所占的比重，它是决定人口自然变动的一个基本要素，包括出生人口性别比、总人口性别比和分年龄人口性别比。

出生人口性别比是人口性别结构的基础和出发点，反映的是出生婴儿中男婴与女婴数量上的比例关系。也就是一定时期内，一定地域内的活产婴儿中，每出生100名女婴相应出生的男婴数量。根据研究者长期观察的结果，在未受到干预的自然生育状态下，不同时期、不同地区和不同国家的出生人口性别比例相对稳定，并十分近似地分布在103.0~107.0。而2005年我国1%人口抽样的数据显示，我国乡村出生人口性别比严重失衡。

（三）地区结构特征

我国乡村地域广大、幅员辽阔，受自然、地理、社会和历史等因素影响，乡村人口地区分布极不均衡。主要表现在东南部地区和西北部地区分布不均衡，沿海地区和内陆地区分布不均衡2个方面。

三、人口管理的含义和内容

（一）乡村人口管理的含义

乡村人口管理是一项综合性很强的管理活动，涉及政策的制定，管理的实施、监督、反馈、调节等一系列活动，只有把这些相关活动结合起来作为一个整体进行管理，才能解决我国乡村人口的管理问题。

（二）乡村人口管理的内容

按照人的生命周期理论，一般情况下，每个人都会经历出生、婚姻、生育、死亡等过程，与此相对应，以实现某一特定目的为目标的乡村人口管理，就表现为人口计划管理、计划生育管理、婚姻家庭管理、人口登记管理和统计管理、丧葬管理等各个方面。另外，由于乡村大量流动人口的存在，流动人口管理也是现阶段乡村人口管理的重要内容。

第二节　户籍管理

一、规范农村地区和农村户籍居民概念定义

农村地区是指该区域所在的居（村）委会，在公安人口信息管理系统中确认登记的城乡分类代码为乡中心区、村庄，或该区域确认登记的城乡分类代码为城乡接合区、镇乡接合区和国土部门确定的土地性质为农村集体经济组织用地的区域。该区域确认登记的居（村）委会城乡分类代码为主城区、镇中心区、特殊区域，但仍有部分区域土地性质为农村集体经济组织用地的，

可参照农村地区进行户籍登记管理。

二、规范农村地区户籍登记原则

农村地区按照“一房一户”“一家一户”基本原则，为农村居民登记户口。“一房一户”即一处（套）具有独立权属的住房，只登记一户户口；“一家一户”即夫妻和未成年子女作为一个家庭成员，只登记为一户。

三、规范农村地区房屋地址信息编制

各地要按照标准化、规范化、信息化要求，为农村地区所有建筑物房屋编制标准化、规范化地址信息。农村地区分散修建房屋、居民散居的，编制为行政区划×村×组×号；农村地区房屋集中修建、居民集中安置居住的，应按照城镇地址编制规范要求，编制为行政区划×街路巷（×集中居住区）×号或行政区划×街路巷（×集中居住区）×号×栋×单元×楼×号。对不规范、不标准和层级缺漏的房屋地址信息，各地要按照规范标准要求全面纠正清理。对因拆迁改建等原因造成地址信息不规范和重、错、漏的，要及时纠正、重新规范编制。对自行违规搭建和临时搭建的建筑物、房屋，各地要按照临时建筑地址编制规范，编制临号地址信息。

四、规范农村地区户籍地址管理使用

农村户籍居民在其获批准的宅基地和其他合法建筑物上修建的居住用途房屋，编制标准化、规范化地址信息后，作为居民户口登记地址使用引用；自行违规搭建和临时搭建的建筑物、房屋，非居住用途的房屋，不得作为户籍地址使用引用，前期已错误作为户籍地址引用使用的，要逐步纠正清理；房屋已拆迁或废弃无人居住，但房屋地址上还登记有居民户籍的，要将该户籍地址在信息系统停用，并动员居民迁移户口、变更户口登记地址，对无法联系、告知或不愿意迁移的，对户成员不再办理迁入业务。农村地区新办理户籍业务，公安部门要全部引用标准化、规范化地址信息作为居民户口登记地址。已登记的不规范、不标准的户口登记地址及其他地址信息，应在办理户政业务中逐步全面规范。各地要依据新编制更新的地址信息，及时制作门楼牌号并安装上墙。

五、规范农村地区户籍迁移政策

农村地区户籍迁入要严格规范管理，按照公安厅和各地制定的政策规范执行，原则上只允许农村户籍居民相互迁移，且符合以下条件：夫妻双方均系农村地区户籍人员，因结婚申请户籍迁移的；农村地区夫妻离婚后，一方申请迁移回原籍地村组的；对户籍登记在农村的未成年人，申请投靠父母迁移的；户籍登记在农村的孤儿和孤寡老人，其近亲属经公证机关公证愿意赡养或抚养，申请投靠农村亲属迁移的。农村地区户籍迁入，原则上需经迁入地村（居）委会同意，报公安部门审核审批后办理迁移。在符合上述迁移政策基础上，各地可结合本地实际，设定允许迁移户籍的年限和条件。农村地区夫妻离婚后申请迁回原籍，但按规定暂无法迁移的，在原户内将配偶关系变更为“非亲属”。

农村籍自主就业退役士兵退伍后申请落户原籍地的，根据参军前注销户口记录、退伍军人和军队离休退休干部安置办出具的《农业户口退伍军人入户介绍信》，自退伍后2年内，可申请在原户籍地农村落户；农村籍士兵服役期间，其配偶（户籍属性为农村）申请迁移到农村籍士兵原籍地村组的，原则上经所在村组、乡镇同意后，由公安部门办理户籍迁移。已迁移到学校集体户的农村籍大中专学生在读期间因各种原因被退学、开除的，其被退学、开除后1年内提出申请的，可迁移回原籍地农村村组。刑满释放、失踪寻回人员户口被注销的，可在其原籍地村组恢复户口。

申请迁入地在城市规划区、水库淹没区、集镇规划区、工业经济开发区等区域范围内，已统征统转的和待统征统转的农村地区，原则上暂停户籍迁入。特殊情况下是否允许户籍迁入，按县级及县级以上人民政府相关规定执行。

严格规范特殊情况下城镇转为农村的户籍迁移。因工作失误将未申请迁移的居民从农村地区迁移到城镇地区，需要纠正的，由县级公安部门报上级公安部门审核后办理迁移；未成年人的父母一方在城镇地区，一方在农村地区，未成年人户籍随父（或母）在城镇地区，父母离婚后，法院判决未成年人由户籍在农村地区的父（或母）抚养，需要将未成年人户籍迁移到农村地区的父（或母）户口上的，由县级公安部门报上级公安部门审核后办理迁移；夫妻一方本系农村户籍属性，但因迁出地城乡分类代码错误未及时纠正，导致其申请结婚迁移无法迁移的，须经迁入地村组、乡镇政府同意，由县级公安部门报上级公安部门审核后办理迁移。已将户籍从原籍地农村迁移到城镇地区或者因征地拆迁就地农转城的，但因社保待遇未落实等特殊原因，县级人民政府同意将其户籍从城镇地区迁移回原籍地农村的，由县级人民政府写出书面证明并加盖公章，逐级报上级公安部门审核后办理迁移。

农村户籍居民录取为公务员和参公管理人员、机关事业编制人员、国有企业管理人员及其他财政供养人员的，要在录取的同时，将其户口从原籍地农村迁移到工作地或居住地，转为城镇居民户口。未办理迁移的，公安部门将其户口登记地址暂时从原籍地农村变更为城镇公共集体户地址上，并通知其按规定办理户籍迁移。各县级人民政府要督促相关部门单位定期向公安部门通报单位新录用财政供养人员名单，以规范农村户籍居民户口登记。

农村地区整村整组或部分村组跨区域搬迁后，搬迁群众户籍应同步迁移到搬迁后居住地。按相关部门享受利益分配规定需要出具原村组户口簿，由公安部门为其出具户籍证明并备注用途，作为享受利益分配依据提供相关部门使用。

严禁城镇居民在农村购买宅基地并将户籍迁移到农村，禁止非本集体经济组织成员之间因赠予、调换、购买房屋等原因迁移户口。已确认农村集体经济组织成员身份、全面完成农村集体产权制度改革、成员与村民边界明确的，报上级公安部门批准，可按区域逐步放开农村户籍迁移限制，在符合有关规范规定前提下，允许城镇居民因结婚、直系亲属投靠等正当原因迁入农村。已全面完成农村集体产权制度改革、具有农村集体经济组织成员身份的农村居民户籍迁移到城镇后，仍然享受该集体经济组织相应利益分配，按相关部门享受利益分配规定需要出具原村组户口簿的，由公安部门为其出具户籍证明并备注用途，作为享受利益分配依据提供相关部门使用。

六、规范农村地区居民分户政策

农村户籍居民因儿女成年、结婚、夫妻离婚、与父母兄弟姐妹分家等，符合公安部门“一房一户”“一家一户”户籍登记政策和相关部门政策规定的，可向公安部门申请分户。

申请分户的居民已取得国土、住建、规划等部门颁发的宅基地使用权证、不动产登记证、建房许可证等相关权属证明，并已在获批准的宅基地上新建了房屋，办理了村镇房屋所有权证的，公安部门按照“一房一户”政策，为其新建房屋编制户籍地址，并将分户居民登记在新的户口地址上。

申请分户居民未取得国土、住建、规划等相关部门颁发的权属证明的，但为申请宅基地建房，要求公安部门按照“一家一户”政策办理同址分户的，由公安部门通报国土部门，对申请分户群众是否具备获批宅基地条件和相关资料进行初核，符合条件的，由国土部门向公安部门出具关于宅基地分户的函，公安部门再办理分户；或由公安部门先行予以分户，在村社编制公共集体户，暂将分户群众落户到村社公共集体户上，并通报国土部门。在办理分户前，公安部门应要求分户群众签订承诺书，承诺书中应有如下内容：“本人分户后主动找相关部门办理自己的房屋产权证、宅基地使用证等。如分户后一年内仍未办理或不符合办理相关证件的，同意公安机关将本人户口恢复原状”。分户后，1年内未取得国土、住建、规划等部门颁发的权属证明并在新批准的宅基地上新建房屋的，公安部门应通知分户居民迁移回原户籍地址；分户居民拒不主动迁移的，公安部门应强制将其户口恢复原状。

农村户籍居民因征地拆迁补偿原因申请分户的，由征地拆迁主管部门对其是否属于征地拆迁补偿安置对象进行认定，认定为征地拆迁安置对象的，由乡镇以上政府向公安部门去函，由公安部门办理分户。

农村户籍居民因其他原因申请同址分户的，须将原宅基地上房屋产权（不动产登记证）予以分割，或持分户成员间土地承包经营权、林权分割证明，并有相对固定的、可以独立关门上锁的居住空间，原则上经所在村组、乡镇人民政府同意后，由公安部门审核后办理分户。

县级及县级以上人民政府要组织公安、国土、住建、规划等部门，共同研究制定本地群众符合分户的条件手续，确保农村政策与户口登记政策紧密对接。

下列情况不符合农村地区申请分户条件不予分户：夫妻不分户；未成年子女与父母不分户；父母投靠子女、父母与子女之间不分户；自行违规搭建或超标准建房的、无权属证明的不分户；户内只有一个成年直系亲属的不分户；挂靠户口人员不得在同址分户；未成年人不得单独立户分户；统征区、未统征但土地已冻结区，是否允许分户，按县级及县级以上人民政府相关政策规定执行。

农村地区孤儿、扶贫对象、拆迁安置对象等，按相关部门规定享受救助、抚恤、帮扶政策等利益分配需要单独立户分户的，但其属无房户、未取得独立的宅基地使用证和村镇房屋所有权证的，可将其户口登记地址暂时变更到乡镇、村社公共集体户地址上，由公安部门为其出具户籍证明并备注用途，提供给相关部门使用；或不变更其户籍地址，由公安部门为其出具户籍证明并备注用途，作为已单独立户分户依据提供相关部门使用。

城乡接合部规划区、水库淹没区、集镇规划区、工业经济开发区等待拆迁的区域范围内，已统征统转的和待统征统转的农村地区，是否允许分户，按县级及县级以上人民政府相关政策规定执行。

七、规范农村地区死亡人口注销户籍

农村户籍居民死亡后，由其申报义务人按规定到公安部门办理户口注销；申报义务人未在规定期限内申请户口注销的，由居（村）民委员会或工作单位将死亡人员名单登记造册，出具证明并加盖公章后上报公安部门注销户口。农村居民死亡后，其申报义务人不申报，户口所在地社区或村民委员会或工作单位不及时上报死亡人员名单及死亡证明材料的，死亡人员户口登记地公安部门工作中发现有农村居民死亡未注销情况的，应当书面告知申报义务人和村（居）委会到公安部门办理户口注销手续，经告知后一个月内仍未办理的，公安部门凭村（居）委会、工作单位出具的证明或民警的调查材料，及时注销死亡人员户口。

各级公安、卫生计生、民政、人力资源社会保障等部门要建立健全协作配合机制，定期开展死亡人员信息核查校核。卫生计生、民政部门、人力资源保障部门要及时将本部门掌握的农村地区死亡人员名单通报公安部门，公安部门核查后确系死亡的，要及时注销死亡人员户口。对农村地区申报义务人不及时申报注销死亡人员户口，骗领农村地区相应权益分配的，要将申报义务人行为纳入不良信用记录档案予以记录，并通报有关单位和部门，依法依规采取失信联合惩戒措施。

第三节　流动人口管理

一、方法措施

建立流动人口治安管理体系，切实加强暂住人口、出租房屋的登记、发证、查验等各基础工作，全面掌握流动人口的基本情况，及时发现并控制各类可疑人员。坚持“谁用工、谁负责”“谁出租、谁负责”的原则，落实治安管理责任制，消除治安隐患，落实各项管理措施，预防和减少违法犯罪。努力把流动人口管理工作推上一个新台阶。

（一）抓源头管理，控牢出租房屋

1. 摸清底数，健全台账

由村（社区）牵头，派出所全面开展调查登记，摸清辖区出租房屋和流动人口底数，逐户建立档案，健全出租房屋台账资

料，做到底数清、情况明、信息采集齐全。

2. 全面分析评判，实行分级制管理

以出租房屋的防盗设施和消防设施等安全设施情况、出租房屋的刑事和治安案件发案情况、承租人的登记领证和日常管理情况为评判依据，划分优秀、合格、不合格3个等级。优秀户，社区民警每季上门检查一次；合格户，每月上门检查一次；不合格户，发整改通知书，每周上门检查一次，促使他们整改到位，促进出租房屋治安管理工作的良性循环。

3. 明确管理责任

明确管理责任，严格执行公安部《租赁房屋治安管理规定》，逐户明确房主、承租人的治安责任和义务。落实奖惩措施，加大执法力度。为有效堵塞犯罪漏洞，对不按规定履行治安责任，包庇容留违法犯罪活动，甚至直接参与犯罪的出租房屋户主、承租人，要立足现有法律法规，依法予以行政处罚，直至追究其法律责任。

（二）抓重点，实行分层管理

对有固定住所、稳定职业的流动人口，委托用工单位代管，派出所在单位协助下，做好登记发证，并及时掌握变动情况。把拒不登记、无固定收入、无身份证件、无固定住所以及昼伏夜出、经常变换地址、形迹可疑的外来人口作为重点对象，责任区民警必须直接抓在手上，强化管理控制，采取公秘结合的方法进行调查，及时发现和打击违法犯罪分子。

（三）抓信息主导，加强信息员队伍建设

派出所要进一步增强信息主导警务意识，每月开展对流动人口违法犯罪的规律特点的研判分析，科学预测今后一段时间外来违法犯罪的趋势，确定下一阶段的防范重点，及时预警提示，切实提高预防流动人口违法犯罪的针对性。同时要大力加强流动人口活动点、落脚点、聚集点的信息员队伍建设，落实“以外管外”制度，提高信息员队伍的覆盖率，要在信息的质量上下功夫，从服务现实斗争的角度，重点收集深层次、内幕性、预警性的情报信息，对提供有价值信息的人要及时按照奖励规定进行奖惩，充分调动信息员的积极性，要进一步健全情报信息的收集、反馈制度，保证信息渠道的畅通。

二、建立健全组织网络，充分发挥部门职能

流动人口管理工作涉及面广、工作量大，必须动员全社会力量，实行综合治理，各村（社区）各职能部门要建立组织，配齐人员，明确职责，从各自的职能出发，抓好流动人口的治安管理和服务工作。

派出所是流动人口治安管理的主力军，要抓好对乡镇流动人口治安管理工作的计划、部署、指导和督查，注重发现出租户和外来人口中的重点对象，适时组织查证，及时发现和打击其中的违法犯罪分子，并对侵害流动人口合法利益的违法犯罪分子进行依法查处和打击。劳动和社会保障部门要强化对劳务中介机构的管理。

村（社区）委员会要抓好本辖区范围内房屋出租户、暂住人口的调查登记、发证和日常管理，要求做到发现登记及时，信息采集全面准确，资料整齐规范，并及时发现其中的重点户、重点人，提交社区民警重点工作。

其他各相关部门都要立足本职，协助抓好乡镇流动人口的管理和服务，真正做到齐抓共管，综合治理，形成流动人口社会化管理的良好局面。

三、严格考核检查，落实奖惩措施

镇综治办要切实负起责任，组织和协调好相关部门、单位和村（社区），认真落实流动人口治安管理措施，并加强经常性的检查，镇党委政府将把流动人口管理服务工作作为年终社会治安综合治理考核的重要内容，以促进乡镇流动人口管理服务工作有序开展。

第四节　留守儿童管理及关爱制度

由于当前我国人口流动的特殊性，流动人口子女选择留守还是流动主要取决于农民工家庭在城市生活来源的稳定性和经济承受能力，感情和教育对这一决策不起主导作用。因此，留守儿童将会在相当长一段时间内持续存在。习近平总书记在党的十九大报告中强调，要关心留守儿童，让他们都能感受到社会主义大家庭的温暖。留守儿童的教育问题已经成为我国农村中小学教育面临的一个突出问题，解决这一问题无疑会在学校原有正常工作基础上增加教育工作者的工作负担，但为了充分发挥学校教育的主体作用，帮助留守儿童克服面临的各种困难，学校应千方百计加强对留守儿童的管理和关爱。

一、加强对留守儿童的日常管理

学校要依据法律法规制定各种规章制度，作为学校日常管理的重要依据。在留守儿童日常管理上，一是要安排教师全天值班，留守儿童在校寄宿的居多，全天都在学校里生活，课余时间多，大家一起玩耍，容易发生安全事故，必须安排教师值班。二是要建立陪护制度，生活指导教师应与寄宿的留守儿童同睡，并负责处理突发事件，与家长电话联系等，保证学生夜间住宿安全，尤其应对寄宿制学校的留守女童加强监护管理，防止和杜绝她们的人身遭受侵害。三是强化卫生管理，要严格卫生制度，防止流行性疾病发生，要配好学校医务人员，制定寄宿生常见疾病和流行性疾病预防措施，加强寝室卫生管理，保持寝室通风，地面干燥。四是办好食堂，学校食堂要办好伙食，注意营养搭配，保证成长发育中孩子的营养健康。学校管理者也应把寄宿制作为切实服务于留守儿童，服务于进城务工农民家庭的办学形式，而应严禁通过收取过高的住宿费和搭伙费，或采取统一配发生活用具的方式来增加学生及家庭的负担，寄宿对许多留守儿童来说，无疑增加了上学成本和经济负担，因此，学校绝不能把寄宿制当成勤工俭学的途径，通过不合理收取寄宿费去弥补学校经费的困难，更不允许将学生的寄宿费挪作他用，从而降低留守儿童的生活标准。五是要定期排查安全隐患，对校内外环境定时检查，及时排除隐患。同时还要对留守儿童进行安全知识教育，提高他们的安全意识。

二、开展丰富多彩的有益身心的活动

学校应从留守儿童的特点出发，开展丰富多彩的活动来满足他们的需要，对于寄宿的留守儿童，一是晚自习除了完成当天的作业外，可组织他们看电视，读书看报，下棋，进行各种体育比赛等；二是可以根据学生的爱好特长，由专门的教师对学生进行特长培养，如组织艺术团、科普活动小组、各种兴趣小组等；三是开展主题班会、联谊会、道德法制讲座等活动，让留守儿童充分感受到来自学校大家庭的温暖。为此，学校应提供更多适合儿童的图书、报纸杂志等读物，并且增加儿童的体育娱乐设施，增添儿童精神上的慰藉及生活上的乐趣。

三、重视留守儿童的心理咨询与辅导

留守儿童还处在成长和发展阶段，他们所遇到的心理问题经过一定的教育和调适可以得到明显的改善。因此，学校在平时生活中要有针对性地对留守儿童及时开展心理咨询与辅导，如学校应建立留守儿童心理发展档案，设立“心理健康咨询室”，安排有经验的教师担任心理医生，及时发现和诊治留守儿童出现的心理健康问题，教会他们如何应对生活和学习压力，帮助他们消除心理上的困惑。同时，在日常生活和学习中，学校的所有老师都要特别关心留守儿童，及时了解他们生活和学习中的困难，及时帮助他们克服困难。

四、建立与留守儿童家庭的联系

学校应有专门的机构和人员来与留守儿童家庭联系，实施全天候跟踪管理，并协调各方面的关系，如建立留守儿童的专门档案，建立与留守儿童父母及监护人的联系卡，开通“亲情热线”，让外出务工家长定期与子女通电话，开通“师长热线”，让外出务工家长随时与班主任进行沟通，以制度形式保障与留守儿童父母及监护人经常性的联系。

此外，为了激励农村中小学教师对留守儿童教育作出更大的努力，农村教师管理应该将留守儿童教育工作纳入绩效考核管理中，对于工作突出的班主任、教师和其他工作人员要给予一定的物质奖励，也可以考虑按留守儿童学生人数给他们特殊津贴，这部分津贴可由政府设立流动人口子女教育专项资金统一划拨。同时，当地政府对他们在晋级和评优等方面予以优先考虑，激励农村中小学教师为解决留守儿童教育问题而作出不懈努力。

第三章 乡村教育管理

第一节 乡村教育管理概述

一、人力资本和教育、培训

人力资本即对生产者进行教育、职业培训等支出及其在接受教育时的机会成本等的总和，表现为蕴含于人身上的各种生产知识、劳动与管理技能以及健康素质的存量总和。在人类所拥有的一切资源中，人力资源是第一宝贵的，也是农村社会事业管理的中心。不断提高农村人力资源开发与管理的水平，是发展农村经济的需要，也是一个地区、一个村庄长期兴旺发达的重要保证。一个新型农民只有充分开发自身潜能，才能适应社会的发展进步。

人力资本不仅包括学校的正规教育，还包括培训，使人获得一些技能的投入和训练。当前，中国教育资本投资的增长与世界其他各国相比较低，与中国的物质投资相比就更低，而且人力资本投资存在不平等现象，如地域和城乡之间的差异。一个更加平衡的教育投资会促进农村经济发展，减少长期的经济发展不平衡。不断提高人力资本的投资比重，会大大促进人才教育。

二、教育和培训的内容

根据终身学习的观念，教育和培训应该贯穿人的一生，教育和培训的内容十分广泛。从教育的层次看，教育可以分为学前教育（幼儿园和学前班）、初等教育（小学）、中等教育（初中和高中）、高等教育（大专、本科、研究生等）。其中，在我国，小学和初中实行九年制义务教育。义务教育是指根据法律规定，适龄儿童和青少年都必须接受，国家、社会、家庭必须予以保证的国民教育。

学前教育和高中阶段以上的教育都是非义务教育，政府鼓励所有的适龄儿童和青少年尽可能地接受各类非义务教育。中等程度及以上的教育，分为普通教育和职业教育。普通的初中、高中、大学、成人高校都属于普通教育的范畴；中专、技校、职高、高职等属于职业教育范畴。培训属于提升教育。它是培训主体根据社会各用人单位的需求，培训技能型人才。培训的内容包括专业技能培训、政策和法规培训、引导性培训等。

第二节　乡村义务教育管理

一、义务教育的特点

义务教育作为国家的国策，应该是免费教育。《中华人民共和国义务教育法》对义务教育进行了明文规定，并逐步实施“两免一补”的方式予以落实。免除农村义务教育阶段学生学杂费，为贫困家庭学生免费提供教科书、补助寄宿生生活费。全国1.5亿农村中小学生受益，减轻了学生家长的经济负担。

（一）基础性

这种基础是指青少年的基础，而不是成人的基础，青少年是要学知识的，不在发展之前就进行生硬的训练，更不是为了考试而进行无穷无尽的题海训练，青少年应当学习他们发展需要的知识。

（二）活动性

爱动是青少年的天性，寓教于乐是青少年学习的重要方式。因此，应大力倡导在非正式方式中进行知识教学，通过活动来完成教学任务。

（三）全方位性

在农村义务教育中，各种教育都应当是全面的。因此，农村义务教育应强调学校教育中各方面的协调配合，强调教育各部分的共同作用，强调教师的全面素质，也强调知识的全面贯通和教育手段的全面运用。

二、农村义务教育管理体制

加强农村义务教育是涉及农村经济社会发展全局的一项战略任务，各级人民政府要牢固树立实施科教兴国战略必须首先落实到义务教育上来的思想，完善管理体制，保障经费投入，推进农村义务教育持续健康发展。

（一）农村义务教育管理体制

农村义务教育实行“在国务院领导下，由地方政府负责、分级管理、以县为主”的体制。县级人民政府对农村义务教育负有主要责任，省、地（市）、乡等地方各级人民政府承担相应责任，中央政府给予必要的支持。

（二）组织农村义务教育

乡（镇）人民政府负责组织适龄儿童少年入学，减少义务教育阶段学生辍学；维护学校的治安、安全和正常教学秩序，治理校园周边环境；按有关规定划拨新建、扩建校舍所必需的土地。经济条件较好的乡（镇）要积极筹措经费，改善农村中小学办学条件，支持农村义务教育发展。继续发挥村民自治组织在实施农村义务教育中的作用。

（三）农村中小学教职工工资发放

地方各级人民政府要按照“一要吃饭，二要建设”的原则，调整财政支出结构，确保农村中小学教职工工资按时足额发放。农村中小学教职工工资要上收到县集中管理，国家统一规定的工资项目和标准将农村中小学教职工工资总额上划到县（实际发放数低于国家标准工资的，按实际发放数上划），并相应调整县、乡财政体制，由县按照国家统一规定的工资项目和标准，统一发放农村中小学教职工工资。

（四）农村中小学公用经费

县级人民政府要按照省级人民政府核定的农村中小学公用经费标准和定额，统筹安排。经济和财力较好的县，标准和定额可以适当提高。农村中小学公用经费资金来源除学校按规定向学生收取的杂费外，其余部分由县、乡两级人民政府预算安排。农村中小学按省级人民政府规定向学生收取的杂费，全部用于公用经费开支，不得用于教职工工资、津贴、福利、基建等开支，不得用于平衡财政预算，不得从中提取任何性质的调节基金；代收的书本费，由学校直接用于购买书本，不得以任何理由挤占挪用。国家扶贫开发工作重点县的农村中小学按国家有关规定实行“一费制”，并严格按标准收取，不得超标。对实行“一费制”后形成的农村中小学公用经费缺口，应按省级人民政府核定的农村中小学公用经费标准和定额，在上级人民政府的转移支付资金中安排。

（五）农村中小学危房改造和学校建设的必要投入

各地要建立定期的危房勘查、鉴定工作制度和危房改造经费保障机制。县级人民政府要将新增危房的改造列入本级事业发展计划，多渠道筹措经费，确保及时消除新增危房。省、地（市）级和财力较好的县级人民政府要设立农村中小学危房改造专项资金，中央政府通过专项补助重点扶持困难地区的农村中小学危房改造，力争在较短的时期内基本消除现有农村中小学危房。实行农村税费改革试点的地区，可以通过村民自愿提供劳务等方式，支持农村中小学校舍的维护和修缮。

三、农村义务教育面临的问题

农村义务教育取得了长足发展，更好地满足了农村居民的教育需求。但同时，在基础设施建设、教育经费使用和管理、乡村教师队伍建设、社会力量支持等方面还存在一些不足，影响了农村义务教育的进一步发展，有待通过完善相关政策来逐步解决。

（一）部分地区农村交通条件落后导致上学难

在国家实施“两免一补”和学生营养餐计划后，经济困难已经不再是农村孩子上学难的主要原因。本章所说的上学难，主要是指落后的交通条件导致农村孩子上学难。由于撤点并校，目前不少农村孩子在寄宿学校就读，通常是周五回家，周日返回学校。由于农村特别是山区农村交通条件落后，学生居住又比较分散，没有校车接送，只能是家长接送或学生自己乘车。由于不少学生家离学校较远，再加上路况较差，经常会发生滑坡、滚石、坍塌，农村孩子上学有很多安全隐患。农村交通条件落后不仅影响了当地经济发展，也成了不少农村地区孩子上学的重大障碍。另外，从县城到农村学校，特别是山区学校不仅路途遥远且交通条件落后，也是导致很多教师不愿意到山区农村学校任教的重要原因。

（二）教育经费不足和使用效率不高问题并存

一方面，虽然通过实施全面改薄计划，很多学校的办学条件得到了较大改善，但通过相关调研，我们发现部分学校，特别是老少边穷地区的学校，由于财力不足，不少学校还没有实现标准化建设，存在校舍不足和陈旧等问题，影响了学校的正常教学活动。

另一方面，学校发展状况不同，资金需求也有所差异。由于公用经费的使用有比较严格的规定，学校不能根据需求来安排公用经费，导致部分学校存在经费使用效率不高的问题。例如，有些学校刚完成标准化建设，在校舍、设施维修等方面的资金需求比较少，在教师培训方面的资金需求比较大，但限于资金支出比例，在教师培训方面能开展的工作比较有限，影响了教师整体素质的提高。

（三）乡村教师队伍建设有待进一步加强

在乡村教师队伍建设方面，主要存在教职工配置不合理、教师激励不足的问题。

教职工合理配置是学校有效运转的必要条件，但目前农村义务教育学校普遍存在教职工资源配置不合理的问题，主要体现在2个方面。一方面，不少农村义务教育学校特别是寄宿学校存在教职工编制不足的问题。甚至有一些区县，从20世纪90年代定编后就没有调整过编制，按《中央编办　教育部　财政部关于统一城乡中小学教职工编制标准的通知》文件规定核编，教职工缺编超过千人。还有不少地区，按上级要求设立了公立幼儿园，由于所需教职工还没有核定编制，只能从小学调剂，使小学教职工更加紧张。另一方面，教职工人员结构不合理。其一，根据师生比，确定的教职工包括了教辅人员和后勤人员，由于人员不足，不少农村学校特别是寄宿学校教师，在承担教学任务的同时不得不承担宿舍管理、财务管理、食堂管理、安全保卫等职责，导致教师工作压力非常大。其二，农村义务教育学校普遍缺乏音乐、体育、美术、科学、信息技术等专业教师，导致部分课程不能开设或只能由其他课程教师兼任，影响了素质教育的有效实施。这可能和有限的教职工编制优先用来满足主课教学需求及农村学校普遍缺乏全科教师有关。其三，不少农村学校教师队伍呈现老龄化趋势，部分教师不仅身体健康状况堪忧，还存在知识结构老化、教育观念落后等问题，不能适应新时期教学需求。其四，虽然乡村教师工资待遇有了很大提升，但考虑到生活环境、发展机遇、家庭等原因，更多的教师还是愿意在县城、乡镇学校任教，导致部分县城、乡镇学校教师严重超标，而山区学校教师严重短缺。其五，不少学校教师性别结构不合理，女性教师比较多，全面实施二孩政策以来，不少学校女教师集中休假，使学校教学安排遇到了困难。

虽然近年来，乡村教师工资以及福利待遇有了提高，但有关激励机制仍待进一步完善。其一，有些地区周转房建设落后，教师不得不挤住学校储藏室，或者自己出资在外面租房，不仅增加了教师的经济负担，也有很多安全风险。其二，由于山区和非山区教师工资差距不大，引导教师到山区任教的激励不足。例如，一些区县的乡村教师生活补助标准是，城区学校教师每人每月500元，坝区学校教师每人每月550元，半山区学校教师每人每月600元，山区学校教师每人每月650元，高寒山区学校教师每人每月700元，山区和非山区学校教师生活补助差距不大，影响了教师到山区任教的积极性。

（四）家庭、社会对农村义务教育的支持不足

首先，农村普遍存在家庭教育缺位的问题。主要有几个方面的原因。一是一些家长没有意识到家庭教育的重要性，认为教育孩子是学校的事情，把教育责任完全推给学校。二是一些家长虽然认为家庭教育很重要，但由于自身素质不高，不懂得该如何实施家庭教育。三是一些家长迫于生活压力忙于劳作，没有时间实

施家庭教育。特别是农村大量青壮年劳动力长期外出务工，农村有数量众多的留守儿童。这些留守儿童长期和父母分离，缺乏关爱，身上存在的问题普遍比其他孩子多。四是由于实施学校撤并政策，很多农村孩子不得不离开家到寄宿学校上学，平时住在学校，和父母相处时间短，父母不能及时发现孩子出现的问题并给予引导和帮助。家庭教育缺位，导致不少农村孩子要么学习动力不足，要么没有养成良好的学习、生活习惯，直接影响到农村教育质量。相比较之下，城市孩子大部分时间和父母居住在一起，父母综合素质比较高，也非常重视家庭教育。家庭教育发展的城乡差距也是导致城乡教育质量差异的重要原因。

其次，虽然中央和一些地方政府通过发展乡村学校少年宫、爱心家园等增加了社会教育资源，但由于相关项目覆盖范围比较有限，以及各地政府对社会教育服务供给工作的重视程度不一样，不同地区的农村孩子能享受到的免费社会教育资源也存在较大差距。

四、推进农村义务教育持续发展的措施

义务教育是关系每个家庭的最大公共产品，是政府的基本职责。要落实“双减”措施，提高义务教育教学水平和质量，推动义务教育均衡发展。突出加强农村义务教育薄弱环节这个事关全局的重点，采取有效措施缩小城乡、区域差距，促进教育公平。

（一）加强农村义务教育教师队伍建设

依法加强义务教育教师收入保障，多渠道解决好教师基本住房，建设必要的边远艰苦地区农村学校教师周转宿舍。加大在职培训、学历教育力度，提高义务教育教师素质。职称评定等要向中西部农村教师倾斜。

（二）持续改善农村基本办学条件

因地制宜加强农村学校教室、宿舍、食堂等设施建设。改善网络设施，促进优质教育资源开放共享。

（三）强化经费保障

中央财政每年都会安排补助资金，重点支持中西部和东部部分困难地区义务教育发展。省级要加大统筹力度，强化对欠发达地区、民族地区、边境地区、革命老区义务教育的支持。

第三节　农民培训管理

目前，各地根据当地自身情况，以农民实际需求为目标，开展了以培训知识农民带动农户增收、培养职业农民带动农业增效为主题的培训活动，让农民融入现代农业发展，让农民从中获得实实在在的生产技能，助力新型职业农民成长，助推乡村振兴战略。

一、农民培训项目

（一）农民培训形式

有针对性地邀请农业专家和“土专家”，采取集中培训和深入田间地头培训等形式。根据农民的兴趣特点、知识盲点、关注热点，采用农民一听就懂、一看就会、一用就灵的本土教材，让农民听得懂、学得会、用得上。

（二）主要培训项目

1. 农业经营主体带头人提高能力培训

面向新型农业经营主体带头人提升现代农业科学技能，开展融资、保险、分红、分配、法律法规等为主题内容的培训。

培养带头人学会组织生产和销售，抓好两个“三品一标”提高种养质量，想方设法把好产品卖出去并卖个好价钱；学会融资和保险，通过融资实现扩大再生产，通过保险让农民安心种地、放心养殖；学会分红和分配，确保农民群众收益；学会享受优惠政策，学习法律法规，关注政策走向变化，加强与政府的沟通联络，了解各种信息动态。

2. 农业生产技能专业技能培训

以产业实用技术培训为主，开展绿色，优质农产品种养加技术和乡村振兴、互联网+农业等专业培训，并根据学员从事产业情况细分类别，由农民点题，专家下单，由“一锅烩”变“精准培训”。理论学习结束后，还可组织学员到现场进行参观实习。

发挥部分农民的农技特长，让他们成为“土专家”，对广大农民开展“绿色节约型”“特色农作物型”等新型农业种植技术培训。通过学习测土配肥，加强品牌种植，引导农民发展地域特色农产品，将农产品做细做优。

3. 农业生产方式，理念转变培训

以转变农民生产观念、转变农民职业理念为本，结合当前农村土地确权，大力发展专业合作社等新形势、新政策，培训引导农民联组结对成片规模发展，加入农民专业合作社有序发展，联系实际兴办土地股份合作社稳步发展。

培训引导农民合理高效利用土地资源，通过对接市场、发展新技术、培植新品种，农户与合作社联产联销、合作社加工代销，把资源变成增加资金、稳步发展的资本，让农民看到实实在在的效益。

二、农民培育规划

农业农村部印发的《“十四五”全国农业农村科技发展规

划》指出，要逐步完善短期培训、职业培训和学历教育相互衔接的高素质农民培育新格局，不断健全农民培育制度。

（一）健全高素质农民培育和农业科普体系

构建公益性机构和社会资源各展所长、优势互补的农民教育培训体系，培育壮大高素质农民队伍。建立健全农业农村科普制度体系与人才体系，强化知识产权保护，加大宣传普及力度，提高民众科学文化素质。

构建农民教育培训和农业科普新格局。发挥现有院校优势、强化公益机构建设、吸引市场主体积极参与，服务农民多元化、多层次教育培训需求，推动形成短期培训、职业培训和学历教育相互衔接的高素质农民培育新格局，促进不同阶段学习成果互认互通，推介一批乡村振兴人才培养优质院校。将科普工作纳入涉农科研项目预算内容和考核指标，积极支持科普人才培养、基地建设、作品出版，打造高水平、相对稳定的农业科普专业队伍，建设完善一批以农业科技为主题，集科普教育、研学和休闲娱乐于一体的科普场馆和示范园区。

打造高素质农民队伍。深入实施高素质农民培育计划，建立健全教育培训、发展扶持、引导激励等衔接配套制度。稳定农民教育培训投入。面向优势特色主导产业，面向农业生产性服务新需求，面向乡村社会事业发展，分层分类开展全产业链培训，加强培训后技术指导和跟踪服务，加强农民在线教育培训。推动职业院校加强涉农专业建设，扩大招收农民学员规模，采取学费减免、弹性学制、送教下乡等方法增强吸引力，完善组织管理、考核评价、回乡就业等办法，支持农民就地就近接受职业教育。坚持引进使用与就地培养结合，加快构建有文化、懂技术、善经营、会管理的高素质农民队伍。

建立农业科普常态化机制。充分发挥涉农高校、科研院所和企业农业科普主阵地的作用，引导和鼓励科技人员开展各种形式科普工作和志愿服务。充分发挥退休农业专家和科技人员作用，组织农业科普专家团，定期深入基层开展科普。设立农业科技竞赛活动和农业科普奖项，鼓励优秀原创科普作品产出。突出加强生物育种与生物技术应用科学普及。着力建设中央与地方联动、宣传部门与农业农村部门协同、线上与线下互动、主流媒体与新媒体联动的生物育种科普体系。组织企业家、科学家、经营者、国外相关人士介绍农业生物技术产品生产消费情况，积极打造各种农业科普线上线下平台，强化科普说服力。

（二）打造农业农村科技人才队伍

人才是“第一资源”，农业农村科技人才是强农兴农的根本。分层、分类型不断加强农业农村科技人才队伍建设，着力打造一批优势领域的世界重要农业科技人才中心和创新高地。

农业科研人才队伍建设。在参与承担生物育种、关键核心技术攻关等国家重大科技任务中，打造前瞻性判断力、跨学科理解能力、大兵团作战组织领导能力强的战略科学家队伍。发挥各类平台和项目作用，培养一批富有奉献精神，能够解决“保供、解卡、防风险、促绿色转型”等产业难题的农业领军人才和创新团队。支持“三农”情怀深厚、创新潜力突出的40岁以下青年人才，在重大农业科技项目、创新平台建设、产业技术体系中挑大梁、当主角，打造战略后备力量。实施“神农英才”计划，每年遴选农业科技领军人才50名，40岁以下农业科技优秀青年人才200名。

农业公共服务人才队伍建设。重点提升重大引领性农业技术示范推广、动植物重大疾病监测和防控指导、农产品质量安全监管等方面的服务保障能力。完善公益性和经营性融合发展机制，允许提供增值服务合理取酬。鼓励各地通过“定向招生、定向培养、定向就业”等方式，引进高校毕业生、技术人员不断充实农业公共服务人才队伍。坚持完善评价激励手段。把履行公益服务职能情况作为公共服务年度考核的重要内容，将考核结果与绩效奖励、职务晋升、公务员遴选等挂钩，树立以实际贡献和服务对象满意度为目标的服务导向，着力调动农业公共服务人才队伍的积极性。开展“寻找最美农技员”等典型选树和遴选活动。

农业社会化服务组织带头人队伍建设。围绕适应转变农业生产方式需要，开展农资供应、土地托管、代耕代种、统防统治等生产服务，在支撑重要农产品生产营销、解决产业链薄弱环节问题、推广新技术新装备等领域，加强政策扶持、推动机制创新、强化服务保障，加快培养一批农业社会化服务组织带头人。鼓励农业公共服务机构与社会化服务组织带头人合作，合力提升服务质量和水平。

农村创业带头人队伍建设。围绕推动科技、管理、资金等资源要素下沉乡村，带动电子商务、休闲农业等新产业新业态蓬勃兴起，引领乡村全面振兴，培育一批农村创业带头人。扶持一批返乡创业农民工和在乡创业能人发展乡村产业，鼓励一批入乡创业人员提升乡村产业的发展水平。引导各地加强对农村创业人员的培训指导，通过集中授课、案例教学、现场指导等方式，为农村创业人员开展“一带一”“一带多”“师带徒”等精准培训，提升创业成功率。

第四节 劳动力就近转移培训管理

一、强化宣传，做好发动工作，营造良好氛围

充分利用宣传栏、广播、电视等新闻媒体，通过开展宣传讲

座、发放宣传材料、书写固定标语、悬挂横幅等宣传方式进一步加大宣传力度，做好培训发动工作，营造浓厚的培训氛围，不断提高广大农村劳动力参加培训的积极性。

二、提高农村劳动力职业培训工作的最大效应

突出培训重点，提高培训质量，最大限度地培训农村劳动力，提高农村劳动力技能素质，使农村劳动力能够掌握适应就业的劳动技能，及时了解辖区企业用工需求的动态及急需工种，做到培训有指向、技能促就业，确保培训工作取得实效。

三、大力拓宽全民技能提升层面和层次

在企业用工调查的基础上，掌握企业的招工、用工动态，了解企业用工需求，发动企业对现有员工进行技能提升，解决企业对高层次技能人才的需求，同时，积极与其他培训机构沟通，发掘技能提升培训的工种和培训的层次，提高辖区企业劳动力整体技能。

四、创新农村劳动力培训方法，提高培训实效

不断创新培训方式，探索培训新方法，总结新经验，突出培训重点，提高培训质量。最大限度地培训农民，提高农民技能素质，确保培训工作取得实效。

五、完善档案管理，建立长效机制

对开展的各类培训认真进行总结，做好各类培训资料的归类整理，完善培训基地教师管理、学员管理、设施设备管理和档案等各项规章制度，同时认真总结培训工作中的经验和做法，不断完善培训内容，创新培训方式，探索建立促进农村劳动力培训工作开展的长效机制，使培训工作更加深入人心，扎实有效。

第四章 乡村医疗卫生管理

第一节 乡村医疗卫生管理概述

一、乡村公共卫生的含义

乡村公共卫生是指为乡村居民提供基本的医疗服务、防止乡村居民传染疾病、保护乡村环境卫生、防止乡村食物中毒等事件以及对农民进行健康教育等。

乡村公共卫生产品的提供者是乡村医疗机构和乡村医务人员，乡村医疗机构由县、乡、村三级医疗机构构成。县、乡、村三级医疗卫生服务网提供了乡村大部分的医疗卫生服务量。

二、乡村公共卫生服务的内容

（一）保证乡村居民享有基本卫生服务

①健康教育。②健康管理。结合参加合作医疗乡村居民和育龄已婚妇女两年一次的健康体检，以及儿童预防接种和体检、孕产妇系统管理和常见妇女病检查、临床诊断治疗、职业体检和健康随访服务等资料内容，及时记录在健康档案中，以户为单位，逐步形成动态的健康档案。③基本医疗惠民服务。严格执行国家规定的医药收费政策，主要收费价格上墙公布，实施住院、门诊费用清单制；合理检查、合理用药，控制医疗费用不合理增长；

严格执行新型乡村合作医疗制度的有关规定，控制自费药品和自费诊治项目费用，并执行事先告知制度；按规定执行有关医疗优惠措施，让利于民。④合作医疗便民服务。合作医疗制度、政策上墙公布，宣传资料入户，做好政策宣传、问题解答；未实行出院实时报销的，乡镇应制定合作医疗便民报销服务办法，由乡镇、村代办报销手续；报销单据管理规范，报销登记本登记清楚、完整，手续齐全，报销款及时送达农户手中。

（二）保证乡村重点人群享有重点服务

①儿童保健。②妇女保健。③老人和困难群体。④重点疾病社区管理。

（三）保证乡村居民享有基本的卫生安全保障

公共卫生信息收集与报告。一是疫情和突发公卫事件报告。二是获得各类突发公共卫生事件（重大传染病暴发疫情、重大食物和职业中毒、环境污染事件、饮用水污染等以及其他严重影响公众健康的事件）、群体性不明原因疾病、不明原因死亡病例、重大动物疫情（如自毙鼠、鸡鸭的成批死亡、疯狗咬人等）和当地疾病预防控制机构认为需要监测和报告的其他事件的相关信息，向属地疾病预防控制机构报告。三是及时正确收集、核实、汇总和报告当地相关信息，掌握辖区人口出生、死亡等基础资料，每月收集整理并逐级上报。当地和外来人员基础资料收集，包括人数、居住地点、户籍、免疫规划信息等。负责早孕摸底和报告孕产妇、出生、围产儿、新生儿死亡等情况。

（四）环境卫生协管与卫生监督协查

环境卫生协管主要针对以下 3 项进行：乡村粪便无害化处理，乡村保洁制度，乡村饮用水水质监测。

卫生监督协查主要针对以下 4 项进行：食品、公共场所卫生，职业放射卫生，学校卫生，医疗机构检查。

（五）协助落实疾病防控措施

突发公共卫生事件和甲类传染病疫情调查处理。发生地的乡镇和村配合县级有关机构开展调查，落实相关防控措施。重点传染病监测。设监测点的乡镇、村配合疾病预防控制机构开展重点传染病监测。

第二节 乡村公共卫生服务体系建设

目前的乡村公共卫生服务体系以县级医疗卫生机构为依托、乡镇卫生院为主体、村卫生室为基础的三级网络机制。新冠疫情暴露出三级网络并未形成快速完善的公共卫生突发事件预警、防控、直报、救助机制；乡镇卫生院标准化建设滞后难以全面承担乡村卫生组织一体化管理职责；村卫生室农村公共卫生“毛细血管”作用发挥不够充分。

一、加快建立健全农村公共卫生三级网络机制

以疫情防控为切入点，必须加快建立健全农村公共卫生三级网络机制。一要依托县级疾控中心，完善县域重大疫情防控救治体系，健全农村公共卫生重大风险研判、评估、决策、防控协同机制，实现上下级信息贯通、同级信息共享。二要加快推进乡镇卫生院标准化建设，规范统一乡镇卫生院的工作流程、考评机制、监管办法等，引导形成有据可依、有规可循的规范化、制度化的良性竞争机制。三要强化村卫生室在乡村公共卫生体系中的基础作用，全面铺开纵向业务合作，充分发挥上级机构对村卫生室的帮带作用，构建村卫生室可发展、可造血的内生动力机制。四要稳步推进紧密型县域医疗卫生共同体建设，提高县域医疗卫生资源配置和使用效率，提升基层医疗卫生服务能力，推动构建

分级诊疗、合理诊治和有序就医新秩序。

二、加快补齐农村公共卫生服务设施短板

相较于城市，农村医疗卫生机构配置不充足、不合理、不平衡的情况突出。以疫情防控为切入点，必须加快补齐农村公共卫生服务设施短板。一是各级政府要以“十四五”规划为契机，重视制定公共卫生与防疫基础设施、运营体系等方面的投资与管理运营规划，加大农村公共卫生领域的基础设施投资力度，在重点乡镇配置农村传染病防范设施、ICU 重症隔离设施等。二要加快建立健全乡村公共卫生管理长效体制和公共设施运维机制，加强环境整治。

三、加快补齐乡村医生队伍建设的短板

乡村公共卫生与防疫人才严重短缺，医生队伍业务能力不够高，专职医生比重不高，收入待遇低，对医科大学毕业生缺乏吸引力。加强乡村医生突发疫情防控培训和教育，不断提升其应急处理重大疾病和传染病的能力。制订和实施医疗卫生大中专毕业生到基层计划，支持乡镇卫生院和村卫生室派遣医务人员到上级公共卫生机构进行实训。持续加强全科医生培养，适当简化本科及以上学历医学毕业生或经住院医师规范化培训合格的全科医生招聘程序。

此外，允许各地盘活用好基层卫生机构现有编制资源，乡镇卫生院可优先聘用符合条件的村医。不断提高乡村医生待遇水平，制定常态化的乡村医生优惠政策，鼓励县区内乡村医生合理流动，进一步加大对偏远地区乡村医生的补助力度。

第三节　突发公共卫生事件管理

在所有公共卫生突发事件中，传染病是最主要的一类。由于传染病具有突发性和重大健康风险，建立科学全面的传染病防控应急管理体系具有重要的政治、社会和经济意义，是以人民为中心的发展思想在健康领域的重要实践。新冠疫情的发生，让建设更加完善、系统、规范的应急管理体系显得尤为紧迫。

一、新型冠状病毒诊断

（一）新型冠状病毒

冠状病毒是在自然界广泛存在的一个大型病毒家族，因病毒的外表存在许多小小的突起（棘突），形似花冠而得名。新型冠状病毒（SARS-CoV-2）属于β属的冠状病毒，有包膜，颗粒呈圆形或椭圆形，直径60~140纳米。与其他病毒一样，新型冠状病毒基因组也会发生变异，某些变异会影响病毒生物学特性。世界卫生组织（WHO）提出的“关切的变异株”有5个，分别为阿尔法、贝塔、伽马、德尔塔和奥密克戎。目前奥密克戎株感染病例已取代德尔塔株成为主要流行株。现有证据显示奥密克戎株传播力强于德尔塔株，致病力有所减弱。

（二）新型冠状病毒的传播途径

1. 直接传播

直接传播是指经呼吸道飞沫和密切接触传播，这也是新型冠状病毒的主要传播途径。

2. 接触传播

接触传播是指在接触被病毒污染的物品后，触碰自己的口、鼻或眼睛等部位导致病毒传播。

3. 气溶胶传播

气溶胶传播是指飞沫在空气悬浮过程中失去水分而剩下的蛋白质和病原体组成的核，形成飞沫核，可以通过气溶胶的形式飘浮至远处，造成远距离的传播。

在相对封闭的环境中长时间暴露于高浓度气溶胶情况下存在经气溶胶传播的可能，如医疗场所。

（三）新型冠状病毒感染者的诊断方法

1. 诊断原则

根据流行病学史、临床表现、实验室检查等综合分析，作出诊断。新型冠状病毒核酸检测阳性为确诊的首要标准。未接种新型冠状病毒疫苗者，新型冠状病毒特异性抗体检测可作为诊断的参考依据。接种新型冠状病毒疫苗者和既往感染新型冠状病毒者，原则上抗体不作为诊断依据。

2. 诊断标准

（1）新型冠状病毒核酸检测阳性。

（2）未接种新型冠状病毒疫苗者新型冠状病毒特异性 lgM 抗体和 lgG 抗体均为阳性。

二、传染病突发公共卫生事件应急管理 3 个环节

传染病突发公共卫生事件应急管理最重要的是做好 3 个环节的关键工作。

一是以防为先。即在体系上、思想上和环境上做好完备的预防工作，具体包括分级分层及时的预防体系建设、健康科普和群众健康素养的培养、病原体的源头控制等内容，并在此基础上建立强有力的监测、预警和报告系统。

二是以控为核。传染病的发生发展是非常迅速的，必须在管控过程中及时应对，加强病原体、中间宿主、传播途径、人员流

动和终端个体的全链条控制和防护，形成富有应变能力的防控体系，能迅速统筹社会资源，及时采取各类措施，控制疾病的扩散蔓延。

三是以治为要。加强患病人群的确诊和分诊、临床救治、疫苗药物研发等技术储备，调整各类诊疗方案以快速应对，加强传染病的疫苗、检测产品、新药和其他医疗产品和技术的研发，提高临床救治水平。

经过对当前疫情防控中 3 个重要环节的细节分析，发现了一些需要提升的方面。一是在防的方面。尽管长期以来我国卫生服务现代化建设取得显著进展，但公民健康责任感与健康素养仍然不足，在应对重大疫情时矛盾尤为突出，一些无防护、高危行为、不健康行为屡屡出现，健康素养防线没有筑牢。突发传染病的防控应急管理体系建设多年，但由于缺乏针对重大新发疫情的演练，反应速度不够，预警机制也不完善，对最佳初始防控时机把握不够准确。一段时间内，部分信息和实践不够畅通，一些重要的防疫手段和程序没有严格实施，疫情相关的法治保障不足，没能有力阻击疫情的开端。二是在控的方面。此次疫情暴露出一线防疫和医护人员存在短缺、基础保障设施缺乏、战略物资储备不够、新冠疫情相关公众健康教育不足等问题，给疫情控制带来了难度。对病原体、中间宿主、传播途径、人员流动和终端个体等传播链条中各个环节的控制措施不够有力。对感染者、密切接触者的集中隔离和跟踪不够及时完备。三是在治的方面。重点地区医疗保障仍有短板，尤其在应对重大突发事件时，人员、物资等不能在第一时间高效率进行调配。在治疗初期，相关人员的防控意识不够充分，造成一定的感染风险。在治疗过程中，分诊、病程和治疗方案不够迅捷，未能和防控环节形成良好的信息和数据互动。

更为重要的是，防、控、治三者在抗击疫情过程中没能很好地结合和联动，反应速度偏慢，互相衔接的问题凸显出来。实际上，防、控、治三环节间的联动正是快速、有效阻断疫情发展进展的特效药。预防是基础土壤，平时的预防工作基础不牢就会带来控制和治疗环节的一系列漏洞，无法遏制疫情的发生。控制是核心环节，但如果不和上游的“防”结合为一体，忽视对下游“治”的过程的支持，会出现医疗过程中防护和控制不到位造成的感染，以及防疫经验、信息、样本和数据等未能给诊断、药物、疫苗的研发提供最快最有力的支持。治疗是关键手段，但医疗过程中往往关注病情和治疗方案，应反向考虑对整体人群防控工作的反馈，以及密切关注防控情况变化。由此可见，我们真正期望的是“防、控、治”联动的重大传染病突发公共卫生事件应急管理体系的建立健全。

三、健全重视重大传染病防控工作管理体系

这场战“疫”提醒我们，建立完善公共卫生应急管理体系不只在疫情防控阶段极其重要，更要求我们在社会治理中长期重视重大传染病防控工作，逐步建立“防、控、治”联动的重大传染病突发公共卫生事件应急管理体系。当然，这项工作也不可能一蹴而就，需要长期积累，扎实工作，尤其是需要重点做好以下工作。

第一，提高全体公民健康素养。健康不仅仅是没有疾病，而是身体、心理和社会适应的完好状态。当前对公众急需加强应对疫情的科普宣传，通过编制手册、口袋书以及新媒体等多种形式加大科普宣传力度。长期来看，为更好满足居民健康生活消费需求，应进一步培养居民健康素养和良好生活习惯，让公众学习掌握传染病防疫的基本知识和理念，具备应对突发传染病的基本技能。

第二，强化公共卫生法治保障。依法科学有序防控至关重要，应从立法、执法、司法、守法各环节发力，全面提高依法防控、依法治理能力，为疫情防控工作提供有力法治保障。首先，对我国已经出台的传染病防治相关法律要加大普法宣传。其次，各级党委和政府要全面依法履行职责，坚持运用法治思维和法治方式开展疫情防控工作。最后，完善立法制度。

第三，加快“防、控、治”联动体系建设。在以往应急管理体系的基础上，加强法律和制度保障，有效连接防、控、治三环节，实现全链条的疫情防控，同时重视演练和预警机制建设，能在关键时刻统筹协调资源、人员等多方面抗击疫情的力量，最终实现以防为先，防中带控；以控为核，防控结合；以治为要，治中抓控。

第四，推动政府主导、社会组织和民众共同行动。政府层面，应明确政府、社会组织和公众 3 个主体的分工与协作，强化属地责任，强化领导干部及相关管理主体的职责发挥到位，强化问责机制。着力解决疾控中心等单位面临的涉及全局的薄弱环节和共性问题，进一步提高预防和处置突发事件的综合能力。社会层面，充分发挥社会组织的作用。及时向疫区群众提供急需的援助，增强对捐赠物资的有效管理，完善社会信任体系。公众层面，动员民众广泛参与，利用好互联网线上平台及线下社区、居委会力量，凝聚人心，形成众志成城抗击疫情的合力。

第五，建设更加完善的联动防疫体系还需要继续做好同世界卫生组织以及有关国家和地区的沟通协调，促进疫情信息共享和防控策略协调。

第五章 乡村文化管理

第一节 乡村文化事务管理概述

一、乡村文化管理的定义

乡村文化有广义和狭义之分，广义的乡村文化是指体现社会主义精神文明的各种文化形态的发展和建设，包括科学、教育、文学、艺术、卫生、体育、新闻、出版、广播、影视、戏剧、文物、节庆、网络文化、旅游文化、民俗文化、对外文化交流等，也包括制定文化政策、文化发展战略，从事各种文化形态的建设活动。狭义的乡村文化是指学术理论研究、思想道德建设、公共文化服务、文学艺术创作、新闻传媒、文化创新、民族文化保护、对外文化交流、人才队伍建设、文化发展保障措施等。

二、乡村文化管理的内容

（一）构建公共文化服务体系

一是建设文化基础设施，包括建设文化艺术馆、文化馆、文化站、公共图书馆等乡村社会工作网络。二是开发运用现代服务手段，包括树立现代服务理念，拓宽服务领域，依靠科技的力量来提高公共文化服务水平。

（二）制定乡村文化发展规划

乡村文化发展规划主要包括文化事务发展的数量和质量等项内容。

（三）优化文化资源的配置

鼓励利用经济政策手段控制文化资源的流向，引导社会投入，加大文化产业开发力度，优化产业结构。

（四）管理文化市场行为

根据地区的具体情况，制定文化市场管理规范，管理好文化市场经营者和服务者，监督市场准入资格审查，监督市场经营者的行为，不得有违反国家法律的行为。对文化市场的产品价格进行监管。

（五）引导农民的文化消费倾向

让农民自觉选择健康的文化消费品和消费服务，使乡村精神文明建设向着健康方向发展，提高乡村文化水平。

三、加强乡村文化管理的途径

（一）加强思想认识，高度重视乡村文化建设

一是正确认识和处理经济与文化的关系。乡村文化建设对经济起着重大的推动作用，没有乡村文化建设，也就没有乡村经济的持续快速健康发展。二是乡村文化建设是广义的文化建设。三是正确理解乡村文化建设的深刻内涵。文化建设的直接目的是提供公共文化产品和公共文化服务，营造良好的文化氛围，改造和丰富乡村群众的主观世界。

（二）增大对乡村文化建设事务的投入力度

各级政府重视大力发展和壮大乡村经济，增强乡村文化建设的“造血”功能。把乡村文化建设放在与城市文化建设、乡村经济发展同等重要的位置，加大投入与扶持的力度。开展乡村数字化文化信息服务。推动服务“三农”出版物的出版发行。

（三）加强教育培训，提高农民的文化素质和水平

通过乡村基础教育的普及，乡村培训、乡村职业技术教育和农函大现代远程教育工程等使农民的思想观念、道德素质、科学

文化水平、民主法治意识在潜移默化中得到提高，让绝大多数农民能够有一定的文化修养，注重普及自然科学和哲学社会科学的基本知识，向农民宣传科学思想，传播科学方法，普及科技知识，培养科学精神。

（四）深化乡村文化体制改革

建设一支稳定的、高素质的乡村公共文化服务队伍。推行人员聘用制和岗位责任制，促进乡村公共文化服务人才资源合理配置和流动，实现县文化馆、图书馆、乡镇综合文化站人员队伍稳定。

（五）加强乡村文化设施建设

坚持以政府为主导，以乡镇为依托，以村为重点，以农户为对象，发展县、乡镇、村的文化设施和文化活动场所，构建乡村公共文化服务网络。充分发挥乡村中小学在开展乡村文化活动方面的作用，提倡中小学图书室、电子阅览室定时就近向农民群众开放，把中小学建成宣传、文化、信息中心。对西部及其他老少边穷等地广人稀适宜开展流动服务的地区，由政府给乡文化站配备多功能流动文化车，开展灵活、多样、方便的文化服务。

第二节　乡村思想道德建设

一、筑牢理想信念之基

人民有信仰，国家有力量，民族有希望。信仰信念指引人生方向，引领道德追求。要坚持不懈用习近平新时代中国特色社会主义思想武装全党、教育人民，引导人们把握丰富内涵、精神实质、实践要求，打牢信仰信念的思想理论根基。在乡村广泛开展理想信念教育，深化社会主义和共产主义宣传教育，深化中国特色社会主义和中国梦宣传教育，引导农民不断增强道路自信、理论自信、制度自信、文化自信，把共产主义远大理想与中国特色社会主义共同理想统一起来，把实现个人理想融入实现国家富强、民族振兴、人民幸福的伟大梦想之中。

二、培育弘扬社会主义核心价值观

社会主义核心价值观是当代中国精神的集中体现，是凝聚中国力量的思想道德基础。习近平总书记强调，社会主义核心价值观是一个国家的重要稳定器，能否构建具有强大感召力的核心价值观，关系社会和谐稳定，关系国家长治久安。要采取符合乡村特点的方式方法和载体，持续深化社会主义核心价值观宣传教育，增进认知认同、树立鲜明导向、强化示范带动，引导农民把社会主义核心价值观作为明德修身、立德树人的根本遵循。把社会主义核心价值观要求融入日常生活，使之成为人们日用而不觉的道德规范和行为准则。加强爱国主义、集体主义、社会主义教育，深化民族团结进步教育。以爱国主义为核心的民族精神和以改革创新为核心的时代精神，是中华民族生生不息、发展壮大的坚实精神支撑和强大道德力量。要深化改革开放史、中华人民共和国历史、中国共产党历史、中华民族近代史、中华文明史教育，弘扬中国人民伟大创造精神、伟大奋斗精神、伟大团结精神、伟大梦想精神，倡导一切有利于团结统一、爱好和平、勤劳勇敢、自强不息的思想和观念，构筑中华民族共有的精神家园。注重典型示范，深入实施时代新人培育工程，推出一批新时代农民的先进模范人物。把社会主义核心价值观融入法治建设，推动公正文明执法司法，彰显社会主流价值。强化公共政策价值导向，探索建立重大公共政策道德风险评估和纠偏机制。

三、加强乡村思想道德阵地建设

推动基层党组织、基层单位、乡村社区有针对性地加强乡村群众性思想政治工作。加强对乡村社会热点、难点问题的应对解读，合理引导社会预期。健全人文关怀和心理疏导机制，培育自尊自信、理性平和、积极向上的乡村社会心态。深化文明村镇创建活动，进一步提高县级及以上文明村和文明乡镇的占比。广泛开展星级文明户、文明家庭等群众性精神文明创建活动。深入开展“扫黄打非”进基层。重视发挥社区教育作用，做好家庭教育，传承良好家风家训。完善文化科技卫生“三下乡”长效机制。

四、倡导诚信道德规范

深入实施公民道德建设工程，推进社会公德、职业道德、家庭美德、个人品德建设。推进诚信建设，强化农民的社会责任意识、规则意识、集体意识和主人翁意识。建立健全乡村信用体系，完善守信激励和失信惩戒机制。弘扬劳动最光荣、劳动者最伟大的观念。弘扬中华孝道，强化孝敬父母、尊敬长辈的社会风尚。广泛开展好媳妇、好儿女、好公婆等评选表彰活动，开展寻找“最美乡村教师、最美医生、最美村干部、最美人民调解员”等活动。深入宣传道德模范、身边好人的典型事迹，建立健全先进模范发挥作用的长效机制。

第三节　乡村优秀传统文化管理

乡村文化是乡村全面发展的有机组成部分，传承发展提升乡村优秀文化是文化振兴的重要任务。要切实保护好优秀农耕文化遗产，推动优秀农耕文化遗产合理适度利用。深入挖掘农耕文化蕴含的优秀思想观念、人文精神、道德规范，充分发挥其在凝聚人心、教化群众、淳化民风中的重要作用。划定乡村建设的历史文化保护线，保护好文物古迹、传统村落、民族村寨、传统建筑、农业遗迹、灌溉工程遗产。支持乡村地区优秀戏曲曲艺、少数民族文化、民间文化等传承发展。

一、保护利用乡村传统文化

实施农耕文化传承保护工程，深入挖掘农耕文化中蕴含的优秀思想观念、人文精神、道德规范，充分发挥其在凝聚人心、教化群众、淳化民风中的重要作用。实施乡村经济社会变迁物证征藏工程，鼓励乡村史志修编。传承传统建筑文化，使历史记忆、地域特色、民族特点融入乡村建设与维护。实施传统文化乡镇、传统村落及传统建筑维修、保护和利用工程，划定乡村建设的历史文化保护线，分批次开展重点保护项目规划、设计、修复和建设，加强历史文化名镇、名村、传统民居、古树名木保护。支持乡村地区优秀戏曲曲艺、少数民族文化、民间文化等传承发展。整理保护有地方特色的物质文化遗产，传承保护传统美术、戏剧、曲艺、民间舞蹈、杂技和民间传说等非物质文化遗产，鼓励支持非物质文化遗产传承人、其他文化遗产持有人开展传承、传播活动。完善非物质文化遗产保护制度，实施非物质文化遗产传承发展工程。

二、重塑乡村文化生态

紧密结合特色小镇、美丽乡村建设，深入挖掘乡村特色文化符号，盘活地方和民族特色文化资源，走特色化、差异化发展之路。以形神兼备为导向，保护乡村原有建筑风貌和村落格局，把民族民间文化元素融入乡村建设，深挖历史古韵，弘扬人文之美，重塑诗意闲适的人文环境和田绿草青的居住环境，重现原生田园风光和原有乡情乡愁。引导企业家、文化工作者、退休人员、文化志愿者等投身乡村文化建设，丰富乡村文化业态。

三、发展乡村特色文化产业

加强规划引导、典型示范，挖掘培养本土人才，建设一批特色鲜明、优势突出的农耕文化产业展示区，打造一批特色文化产业乡镇、文化产业村和文化产业群。大力推动乡村地区实施传统工艺振兴计划，培育形成具有民族和地域特色的传统工艺产品，促进传统工艺提高品质、形成品牌、带动就业。积极开发传统节日文化用品和武术、戏曲、舞龙、舞狮、锣鼓等民间艺术、民俗表演项目，促进文化资源与现代消费需求有效对接。推动文化、旅游与其他产业深度融合、创新发展。

第四节　乡村公共文化服务体系建设

推动城乡公共文化服务体系融合发展，增加优秀乡村文化产品和服务供给，活跃繁荣乡村文化市场，为广大农民提供高质量的精神营养。按照有标准、有网络、有内容、有人才的要求，健全乡村公共文化服务体系。发挥县级公共文化机构辐射作用，推进基层综合性文化服务中心建设，实现乡村两级公共文化服务全覆盖，提升服务效能。深入推进文化惠民，公共文化资源要重点向乡村倾斜，提供更多更好的乡村公共文化产品和服务。支持“三农”题材文艺创作生产，鼓励文艺工作者不断推出反映农民生产生活尤其是乡村振兴实践的优秀文艺作品，充分展示新时代乡村农民的精神面貌。培育挖掘乡土文化本土人才，开展文化结对帮扶，引导社会各界人士投身乡村文化建设。活跃繁荣乡村文化市场，丰富乡村文化业态，加强乡村文化市场监管。

一、健全公共文化服务体系

推动县级图书馆、文化馆总分馆制，发挥县级公共文化机构辐射作用，加强基层综合性文化服务中心建设。完善乡村新闻出版、广播电视公共服务覆盖体系，推进数字广播电视户户通，探索乡村电影放映的新方法新模式，推进农家书屋延伸服务和提质增效。继续实施公共数字文化工程，积极发挥新媒体作用，使农民群众能便捷获取优质数字文化资源。完善乡村公共体育服务体系，推动乡村健身设施全覆盖。

二、增加公共文化产品和服务供给

深入推进文化惠民，为乡村地区提供更多更好的公共文化产品和服务。建立农民群众文化需求反馈机制，推动政府向社会购买公共文化服务，开展“菜单式”“订单式”服务。加强公共文化服务品牌建设，推动形成具有鲜明特色和社会影响力的乡村公共文化服务项目。开展文化结对帮扶。支持“三农”题材文艺创作生产，鼓励文艺工作者推出反映农民生产生活尤其是乡村振兴实践的优秀文艺作品。鼓励各级文艺组织深入乡村地区开展惠民演出活动。加强乡村科普工作，推动全民阅读进家庭、进乡村，提高农民科学文化素养。

三、广泛开展群众文化活动

完善群众文艺扶持机制，鼓励乡村地区自办文化。加强基层文化队伍培训，培养一支懂文艺、爱乡村、爱农民、专兼职相结合的乡村文化工作队伍。传承和发展民族民间传统体育，广泛开展形式多样的农民群众性体育活动。鼓励开展群众性节日民俗活动，支持文化志愿者深入乡村开展丰富多彩的文化志愿服务活动。活跃并繁荣乡村文化市场，推动乡村文化市场转型升级，加强乡村文化市场监管。

第六章　乡村社会保障管理

第一节　中国乡村社会养老保险

一、中国乡村养老保险的发展演变

养老保险是工业化的产物，其保险范围随着国家工业化程度的提高而逐步扩大。从世界各国的经验来看，农村社会保障一般都迟于城市社会保障。例如，美国的社会保障体系建立于1935年，但其农业人口到1956年才享有社会保险；德国于1883年制定了《职工疾病保险法》，但其农业人口到了1957年才纳入此法案。农村社会养老保险是国家“八大民生工程”之一，关系到亿万农民的切身利益。随着中国人口老龄化进程的不断加快，人口老龄化形势越来越严峻，特别是占全国人口总数绝大多数的农村人口，由于社会保障制度建设长期相对滞后，农村的养老保障问题已经进入了预警期，影响到社会的和谐与稳定。从20世纪80年代初以来，中国政府致力于探索建立农村社会养老保险制度。追溯至改革开放初期，农村社会养老保险大体上经历了5个发展阶段。

（一）初始萌芽阶段（1978—1982年）

20世纪80年代初，为解决农民依靠家庭养老的实际困难，中国少数农村地区开始对老年农民实行养老保险制度。1982年全国有11个省、区、市3457个生产队实行养老金制度，规定“凡参加集体生产劳动10年以上的，年满65周岁的男社员和年满60周岁的女社员，可享受养老金待遇。约有42.6万名农民享受了养老金，一般每人每月可得到养老金10~15元不等，最多的可达20元以上。养老金由大队、生产队根据经济状况按比例分担，从队办企业利润和公益金中支付。这是中国最早的较完全意义上的农村社会养老保险实践。

（二）探索试点阶段（1983—1991年）

国家“七五”计划提出有步骤地建立起具有中国特色的社会主义的社会保障制度雏形的任务和抓紧研究建立农村社会保险制度，并根据各地经济发展情况，进行试点，逐步实行的发展目标。1986年民政部根据国务院关于进行农村社会养老保障制度探索和试点的指示，召开全国农村基层社会保障工作座谈会，正式提出在经济发达地区发展社区型养老保险。1989年选择北京大兴县、山西左云县为县级农村社会养老保险试点县，确立了以自我保障为主，辅之以集体、国家必要支持，国家、集体、个人三方共同承担社会保险责任的基本原则，为以后中国农村社会养老保险制度的发展勾勒出了雏形。到1989年，全国已经有19个省、区、市的190多个县、市进行了农村社会养老保险方面的探索，800多个乡镇建立了以乡镇或村为单位的养老保障制度。

（三）稳步发展阶段（1992—1997年）

1991年《国务院关于企业职工养老保险制度改革的决定》规定，农村社会养老保险制度改革由民政部负责。同年民政部开始着手农村社会养老保险试点工作，并于1992年颁布《县级农村社会养老保险基本方案（试行）》，规定资金个人交纳为主，集体补助为辅，国家予以政策扶持。在山东烟台、威海等地试点的基础上，农村社会保险白点到面，逐步发展。

1998 年，全国已有 2 123个县、市和 65%的乡、镇开展了农村社会养老保险工作，参加社会养老保险的农村人口达到 8 025 万人，基金滚存余额达 166.2 亿元。基本上形成了中央部委、省、地、县、乡、村多级工作网络和上下贯通的管理体系，基本操作程序比较规范，管理制度也在逐步健全，在农村大部分地区，初步建立了农村社会养老保险制度。

（四）整顿规范阶段（1998—2002 年）

1998 年国务院机构改革方案实现了全国社会保险的统一管理，农村社会保险管理职能从民政部划入劳动和社会保障部，具体由农村社会保险司负责。1999 年《国务院批转整顿保险业工作小组保险业整顿与改革方案的通知》提出：目前中国农村尚不具备普遍实行社会保险的条件。对民政系统原来开展的农村社会养老保险要进行清理整顿，停止接受新业务。区别情况，妥善处理，有条件的可以逐步将其过渡为商业保险。2001 年劳动保障部在摸底调查后得出结论：目前在全国普遍推行农村社会养老保险尚不具备具体条件，但在农村富裕地区尤其是城市郊区逐步建立农村社会养老保险制度是具备条件的。这个阶段，全国大部分地区农村社会养老保险工作出现了参保人数下降、基金运行难度加大等困难，一些地区农村社会养老保险工作甚至陷入停顿状态。

（五）完善阶段（2003 年至今）

2003 年劳动和社会保障部发布《关于认真做好当前农村养老保险工作的通知》，要求高度重视农民的养老保障，积极稳妥地推动农村养老保险工作。党的十七届三中全会决定提出，按照个人缴费、集体补助、政府补贴相结合的要求，建立新型农村社会养老保险制度。2009 年 9 月，国务院发布了《国务院关于开展新型农村社会养老保险试点的指导意见》（简称《指导意见》)。新型农村社会养老保险（简称新农保）的基本原则是保基本、广覆盖、有弹性、可持续，采取社会统筹与个人账户相结合的基本模式和个人缴费、集体补助、政府补贴相结合的筹资方式。自2009年以来，中国开始首批新型农村养老保险试点，截至2020年已实现新农保全覆盖。

二、新型农村养老保险制度

（一）新型农村社会养老保险的内容

根据党的十七大和十七届三中全会精神，国务院决定，从2009年起开展新型农村社会养老保险试点。

（二）新型农村社会养老保险的优点

（1）新农保是农民投保政府补贴，体现了政府责任。

（2）新农保设计了激励农民参保和缴费的机制，因为政府补贴的多少与参保人选择的缴费档次的高低呈正相关关系。

（3）新农保确定了最低缴费标准，建立了领取标准调整机制，解决了老农保保障水平过低的问题。

（4）新农保的覆盖面更广，比老农保更具有社会保险性和福利性。

（5）新农保将基金纳入财政专户，实行收支两条线管理，在一定程度上解决了基金的安全运营问题。

（6）新农保注意到与其他养老保险制度的衔接。正因为新农保有诸多优越性，故实施后取得了非常明显的成效。

（三）建立健全新型农村社会养老保险制度的意义

1. 有利于弥补家庭养老功能弱化

保障农村老人的基本生活，应对农村人口老龄化挑战。随着工业化、城镇化和现代化快速推进，农村劳动力转移就业，农村家庭空巢化现象较为普遍，农村人口老龄化速度快于城镇。目前，我国农民虽然还是以家庭养老为主，但其家庭养老功能明显弱化。主要表现：第一，市场经济的发展和传统小农经济的萎缩、分化和瓦解，动摇了家庭养老的思想、道德和经济基础；第二，家庭规模的小型化和居住方式的变革，缩小了家庭养老的照料和赡养资源；第三，城镇化和农村劳动力转移降低了家庭的凝聚力，削弱了家庭成员互助功能；第四，农民收入提高缓慢，农村家庭养老难以满足农民的养老需求，使农民的养老问题可能面临既缺乏经济支撑，又缺乏家庭保障的双重困难；第五，土地养老保障功能难以实现，家庭保障功能的持续弱化要求以新型农村社会养老保险制度化解农民养老的群体性风险。新型农村社会养老保险工作的开展有利于弥补家庭养老功能的不足，与家庭养老、土地保障相配套保障农村老人的基本生活。

2. 有利于农村社会养老保险发展的可持续性

针对旧农村社会养老保险制度设计存在缺陷及其实施过程中遇到一些困难和问题，新型农村社会养老保险进行了一定的改革和创新，提高了农村社会养老保险发展的持续性。旧农村社会养老保险制度的设计缺陷及在实施过程中存在许多问题，主要表现：第一，政府责任不到位，财政投入不够，特别是中央财政没有投入，缺乏公共财政的补助支持机制，参保主要由个人缴费，而农民收入较低且不稳定，个人缴费难以持续，除少数发达地区外，大部分地区集体补助基本得不到落实，农民参保积极性受影响，农村社会养老保险扩大覆盖面工作受到较大压力，制度的持续性受到挑战；第二，保障水平低；第三，管理体制未完全理顺，部分省级农村社会养老保险机构划转后被撤并，相当多的地县级单位和乡镇还未划转，造成不少地方管理工作断档和监督失控，直接影响队伍的稳定、档案的管理、保费的收缴，养老金的发放和基金的安全等。新型农村社会养老保险的试点探索明确了政府在农村社会养老保险中的财政责任，加强了农村社会养老保险持续发展的经济基础；新农保制度的试点工作将为克服老农保制度设计中的一些缺陷和解决老农保的上述部分问题提供实践经验。

3. 有利于统筹推进城乡社会保障体系

党的十八大报告提出，要统筹推进城乡社会保障体系建设。要坚持全覆盖、保基本、多层次、可持续方针，以增强公平性、适应流动性、保证可持续性为重点，全面建成覆盖城乡居民的社会保障体系。建立新型农村社会保障包括新型农村社会养老保险，这是缩小城乡、工农收入差距，促进社会公平正义有效的调节措施。新型农村社会养老保险采取社会统筹和个人账户相结合的模式。农村养老保险个人账户属于农民个人财产，具有储蓄和消费的功能，有助于提高农民的财产性收入，有助于提高农民的幸福程度；社会统筹主要指基础养老金，完全由财政进行转移支付，这有助于提高社会的公平正义和和谐程度。

（四）目前新型农村社会养老保险存在的问题

1. 基金统筹层级低

根据《指导意见》，新农保基金暂实行县级管理，随着试点扩大和推开，逐步提高管理层次；有条件的地方也可直接实行省级管理。遵循《指导意见》，绝大多数新农保试点地区都实施了县级统筹，上海、北京等经济发达地区也不例外，县级政府负担起了新农保经办、管理、监督的主要工作。新农保实行县级统筹，层级过低，不利于基金规模的形成，无法凸显社会保险的互助共济性；也容易受到地方行政干涉，不利于确保基金的安全；县级层面往往缺乏专业的投资管理人才，不利于实现基金的保值增值。

2. 养老金支付水平低

中央确定的基础养老金标准为每人每月 55 元，地方政府可以根据实际情况提高基础养老金标准，但是提高部分的资金由地方政府支出。很多地方政府尤其是中西部经济相对落后地区和革命老区考虑到财政压力，并没有在中央基础养老金的标准上予以提高，而中央基础养老金标准从实施至今一直没有提高。上海作为中国经济发达地区，基础养老金虽已由最初的每人每月 370 元调整到 440 元，但仍低于农村低保每人每月 500 元的标准，大大降低了制度对农民尤其是中青年农民的吸引力。

3. 养老金支付压力大

虽然新农保暂时不存在养老金支付缺口，但是作为一项制度，须考虑其可持续性。根据城镇职工养老保险制度经验，新农保养老基金将在不久的将来面临较大的支付压力。一是因为中国老龄化程度上升。据统计中国农村 65 岁以上的老龄人口占农村人口的比重将从 1990 年的 6%上升到 2030 年的 13%，2040 年的 19%，老龄化趋势明显，社会养老压力日趋沉重。新农保养老金制度设计参考了城镇职工养老保险制度，领取年龄为 60 岁，但由于人口预期寿命延长造成养老金实际享受年份为 25～30 年，在现行 139 的计发月数下，个人账户基金会提前支付完毕，进而会将风险转嫁给政府，对政府财政的承受能力造成较大的隐性压力。而目前关于这笔隐形的财政压力尚未建立任何的释放机制，将加剧新农保支付危机。中国经济高速增长能否一如既往，如何度过农村人口老龄化高峰带来的养老金支付危机，成了一个非常重要的现实问题。新农保养老金是刚性需求，未来养老金只能提高很难下降，所以，政府进行制度设计和测算时应谨慎和保守，充分考虑未来的人口老龄化趋势与财政收入增长趋势。二是因为基金贬值严重。谋求保值增值是养老基金的内在要求，而保值增值的根本途径在于合理有效地运用养老基金。目前新农保个人账户储存额参考中国人民银行公布的金融机构人民币一年期存款利率计息，投资渠道过于狭窄。中国从2010年进入负利率时代，时隔两年才告一段落，在此期间新农保基金的通货膨胀率始终高于记账利率，可见新农保基金实际上在不断贬值，这必将影响基金将来的支付能力。

（五）中国新农保的完善

为了实现制度的可持续发展，确保广大农民老有所养，针对以上问题，必须进一步完善新型农村社会养老保险制度。

1. 继续加大财政投入，保证新农保制度的可持续发展

关键是要保证财政资金及时拨付到位，各地宁可少上一些项目、压缩其他方面的开支，也要让农民得到实实在在的好处。同时，要加强宣传，让农民充分理解参加新农保的好处。要保证新农保制度的可持续发展，努力使全体人民老有所养，政府就必须继续加大公共财政的投入，避免各级政府补贴资金不到位，明确市、县对参保人缴费补贴的分担比例，明确对农村重度残疾人等缴费困难群体的政府代缴比例，明确对中青年农民长期参保缴费的具体激励政策，鼓励有条件的市、县提高政府补贴标准，对不同年龄段的农民采取不同的参保缴费补贴。

2. 提升新农保养老金支付水平

一要尽快研究建立新农保基础养老金正常调整机制，每年应该根据物价、生活成本等因素，加大中央对新农保的转移支付力度，及时提高基础养老金水平。二要设置更为合理的个人账户缴费档次。目前设计的缴费档次偏少，水平偏低，农民往往倾向于选择最低缴费档次，不利于个人账户基金规模的增长，影响养老金的替代率水平。

3. 行基金市场化运作

国外的经验和中国目前养老基金的运作状况都说明，参与资本市场是最好的选择。新农保基金在实现省级统筹的前提下，应

实现市场化运作，这不仅是顺应现实需要，也具有现实可能。

4. 打破户籍界限，建立一体化的社会养老保险体制

新农保的最终归宿是与城镇养老保险制度合并，实现城乡社会养老保险的一体化发展。根据中国社会养老保险体制现状，在进行新农保制度设计时，应根据经济社会发展和参保人职业的变化，打通各类不同层次养老保障制度之间的转换渠道，以便参保人根据自己的职业变换自主选择养老保险门类，在此基础上，逐渐形成一体化的社会养老保险体制。

三、城乡居民养老保险制度

（一）内容简介

按照党的十八大精神和十八届三中全会关于整合城乡居民基本养老保险制度的要求，依据《中华人民共和国社会保险法》有关规定，在总结新型农村社会养老保险和城镇居民社会养老保险（简称城居保）试点经验的基础上，国务院决定，将新农保和城居保两项制度合并实施，在全国范围内建立统一的城乡居民基本养老保险（简称城乡居民养老保险）制度。

1. 参保范围

年满16周岁（不含在校学生），非国家机关和事业单位工作人员及不属于职工基本养老保险制度覆盖范围的城乡居民，可以在户籍地参加城乡居民养老保险。

2. 基金筹集

城乡居民养老保险基金由个人缴费、集体补助、政府补贴构成。

（1）个人缴费。参加城乡居民养老保险的人员应当按规定缴纳养老保险费。缴费标准目前设为每年100元、200元、300元、400元、500元、600元、700元、800元、900元、1 000元、

1 500元、2 000元 12 个档次，省、区、市人民政府可以根据实际情况增设缴费档次，最高缴费档次标准原则上不超过当地灵活就业人员参加职工基本养老保险的年缴费额，并报人力资源社会保障部备案。人力资源社会保障部会同财政部依据城乡居民收入增长等情况适时调整缴费档次标准。参保人自主选择档次缴费，多缴多得。

（2）集体补助。有条件的村集体经济组织应当对参保人缴费给予补助，补助标准由村民委员会召开村民会议民主确定，鼓励有条件的社区将集体补助纳入社区公益事业资金筹集范围。鼓励其他社会经济组织、公益慈善组织、个人为参保人缴费提供资助。补助、资助金额不超过当地设定的最高缴费档次标准。

（3）政府补贴。政府对符合领取城乡居民养老保险待遇条件的参保人全额支付基础养老金，其中，中央财政对中西部地区按中央确定的基础养老金标准给予全额补助，对东部地区给予50%的补助。

地方人民政府应当对参保人缴费给予补贴，对选择最低档次标准缴费的，补贴标准不低于每人每年 30 元；对选择较高档次标准缴费的，适当增加补贴金额；对选择 500 元及以上档次标准缴费的，补贴标准不低于每人每年 60 元，具体标准和办法由省、区、市人民政府确定。对重度残疾人等缴费困难群体，地方人民政府为其代缴部分或全部最低标准的养老保险费。

3. 建立个人账户

国家为每个参保人员建立终身记录的养老保险个人账户，个人缴费、地方人民政府对参保人的缴费补贴、集体补助及其他社会经济组织、公益慈善组织、个人对参保人的缴费资助，全部记入个人账户。个人账户储存额按国家规定计息。

4. 养老保险待遇及调整

城乡居民养老保险待遇由基础养老金和个人账户养老金构成，支付终身。

（1）基础养老金。中央确定基础养老金最低标准，建立基础养老金最低标准正常调整机制，根据经济发展和物价变动等情况，适时调整全国基础养老金最低标准。地方人民政府可以根据实际情况适当提高基础养老金标准；对长期缴费的，可适当加发基础养老金，提高和加发部分的资金由地方人民政府支出，具体办法由省、区、市人民政府规定，并报人力资源和社会保障部备案。

（2）个人账户养老金。个人账户养老金的月计发标准，目前为个人账户全部储存额除以 139（与现行职工基本养老保险个人账户养老金计发系数相同）。参保人死亡，个人账户资金余额可以依法继承。

5. 养老保险待遇领取条件

参加城乡居民养老保险的个人，年满 60 周岁、累计缴费满 15 年，且未领取国家规定的基本养老保障待遇的，可以按月领取城乡居民养老保险待遇。

新农保或城居保制度实施时已年满 60 周岁，在本意见印发之日前未领取国家规定的基本养老保障待遇的，不用缴费，自本意见实施之月起，可以按月领取城乡居民养老保险基础养老金；距规定领取年龄不足 15 年的，应逐年缴费，也允许补缴，累计缴费不超过 15 年；距规定领取年龄超过 15 年的，应按年缴费，累计缴费不少于 15 年。

6. 转移接续与制度衔接

参加城乡居民养老保险的人员，在缴费期间户籍迁移、需要跨地区转移城乡居民养老保险关系的，可在迁入地申请转移养老保险关系，一次性转移个人账户全部储存额，并按迁入地规定继续参保缴费，缴费年限累计计算；已经按规定领取城乡居民养老保险待遇的，无论户籍是否迁移，其养老保险关系不转移。

城乡居民养老保险制度与职工基本养老保险、优抚安置、城乡居民最低生活保障、农村五保供养等社会保障制度以及农村部分计划生育家庭奖励扶助制度的衔接，按有关规定执行。

（二）制度意义

建立统一的城乡居民基本养老保险制度，合并实施新农保和城居保，形成制度名称、政策标准、管理服务、信息系统“四个统一”，使全体人民公平地享有基本养老保障，是我国经济社会发展的必然要求和推进“新四化”建设的需要，既有利于促进人口纵向流动、增强社会安全感，也有利于使群众对民生改善有稳定的预期，对于拉动消费、鼓励创新创业，具有重要意义。

城乡居民养老整合只是一个开始，整合将成为中国社会保障制度的主要趋势，梯次推进将是较好的整合模式。随着城乡居民养老保险的统一，一些相关制度，如城乡最低生活制度、城镇灵活就业人员和农民工社会保障制度、机关事业单位和企业职工社会保障制度等也有可能实现整合，进而在大的保障项目间形成有效衔接，最后碎片化的制度有望变成完整的、有序组合的、公正公平的体系，真正发挥调节收入分配、促进社会公正的作用。社会保障整合是我国政治、经济、文化发展到一定阶段的必然走向，也是我国政府在对前期社会保障发展成果反思基础上的重构。

第二节　中国农村医疗保险

一、农村医疗保险制度的发展演变

自 1949 年中华人民共和国成立以来，我国的农村医疗保险经历了如下3个阶段：农村合作医疗制度建立前期的财政补贴型低价自费医疗阶段、合作医疗制度阶段以及新型农村合作医疗制度阶段。

（一）农民自费医疗

从1949年到20世纪50年代末，中国农村医疗保障制度实行农民自费医疗。医疗保障制度在此阶段更注重的是城镇医疗保障制度的建设，暂时还没有顾及农村的医疗保障制度。不过，即使是农民自费医疗，在当时计划经济体制下却没有影响到农民的看病，就是说看病的问题并没有成为农民的负担也基本没有给农民带来负面影响。医疗保障制度所涉及的医疗卫生事业板块和医药生产流通板块在当时的条件下，实际上使得农民即使自费医疗，也不会有太大的困难。就医疗卫生事业板块来看，国家和集体通过财政补贴的形式对农村医疗卫生机构进行支持和扶助，即使农村医疗卫生机构在低收费的情况下也能保障自身的运转；就医药生产流通板块来看，国家对药品的生产和流通进行严格管制和强力干预，医疗人员的劳动报酬与药品的销售量不挂钩等等，都使得药品价格和医疗服务价格相对较低。因此，在财政补贴型低价自费医疗阶段，农民的医疗保障制度虽然没有建立而靠农民自己掏腰包，但却能在计划经济条件下受到实质上的恩惠。

（二）合作医疗

从20世纪50年代末到20世纪70年代末，我国农村医疗保障制度步入了合作医疗制度阶段。土地改革之后，农村互助合作成为当时农村经济组织的主要形式，而农村的合作医疗制度就是建立在此基础之上的。农村合作医疗不像劳保医疗和公费医疗那样由国家立法强制建立，也没有国家财政的支持，全凭着集体和个人集资和交费来筹集医疗资金，而且是以农村的农民自愿参加为原则所设计的农民之间互助合作的一种制度。农村合作医疗在

20世纪50年代末开始出现，在60年代中期广泛推行。1955年，山西省高平县米山乡最早建立和实行了合作医疗，并作为经验在全国范围内进行推广，全国的农村纷纷建立以集体经济为基础，集体出资与个人交费相结合，互助共济的农村各类医疗站。到了20世纪70年代末，随着家庭联产承包经营责任制的广泛运行，集体经济迅速解体，农村合作医疗制度就逐渐失去了互助合作的基础。再加上医疗卫生事业板块和医药生产流通板块的改革，更使得这种农村合作医疗制度的设计名存实亡。就医疗卫生事业板块而言，国家财政对医疗机构包括农村医疗机构的补贴和投资逐渐变少；就医药生产流通板块而言，国家逐渐放开了对药品价格的管制，使之按照市场化的进程发展，于是药品的价格快速上涨。也就是说，一方面，农村医疗机构自身由于缺少资金支持而不能正常运行，从而诱导医疗机构从农民患者身上获取更多的财产利益；另一方面，药品价格的迅猛上升使得农民看病的花费也迅猛上升。

（三）新型农村合作医疗

新型农村合作医疗（简称新农合）实施十多年来，建立起了适合我国国情的农村医疗保障制度，带动了农村医疗服务水平大幅提高，在保障参合农民健康权益，缓解农民看病难、看病贵，防止群众因病致贫、因病返贫方面发挥了重要的作用。

二、新农合

新农合是当前我国农村医疗保障制度的主要内容，也是我国医疗服务体系的重要内容。在当前农村居民“看病难、看病贵”“因病致贫、因病返贫”现象的背景下，新农合承载着减轻农村居民疾病经济负担、促进医疗卫生资源利用公平、促进居民健康水平等历史使命。

（一）新农合的基本内容

1. 参保对象

新农合以户籍在农村的所有农村居民为参保对象，包括在家务农的农民、乡镇企业职工、外出务工和经商的农民、户籍在农村的在校学生。还包括原来是农业户籍，现在无固定职业也未参加城镇职工基本医疗保险的农转非人员。新农合要求参加对象以户为基本单位参加。乡镇企业职工（不含以农民家庭为单位参加新农合的人员）是否参加新农合由县级人民政府确定。

2. 资金筹集

实行个人缴费、集体扶持和政府资助相结合的筹资机制。农民个人每年的缴费标准不应低于 10 元，经济条件好的地区可适当提高缴费标准。有条件的乡村集体经济组织，应对本地新农合给予适当的支持，扶持新农合的乡村集体经济组织类型、出资标准由县级人民政府确定。地方财政每年对参加新农合的农民的资助标准不低于人均 10 元，具体的补助标准和负担比例由省级人民政府确定；经济发达的东部地区，地方财政可以适当增加投入。此外，政府鼓励社会团体和个人资助新农合。

3. 资金使用

参加新农合人员因患大病、重病而发生的大额医疗费用或住院医疗费用，可依据有关制度规定按比例报销。新农合政策范围内住院费用报销比例提高到 75%左右，最高支付限额提高到全国农民人均纯收入的 8 倍以上，且不低于 6 万元。对年内没有动用农村合作医疗基金的参保人员，可安排进行一次常规性体检。有条件的地方，还可实行大额医疗费用补助与小额医疗费用补助结合的办法，门诊费用也可按比例报销，或每 1~2 年安排一次常规性体检。各省，各县、市筹资水平不一，合作医疗基金的支付范围、支付标准和支付额度，常规性体检的具体检查项目和方式都会有所不同。

4. 资金管理

新农合一般采取以县、市为单位进行统筹，条件不具备的地方，在起步阶段也可以采取以乡、镇为单位进行统筹，逐步向县、市过渡。农村合作医疗基金是由农民自愿缴纳、集体扶持、政府资助的民办公助的社会性基金，要按照以收定支、收支平衡和公平、公开、公正的原则进行管理，必须专款专用，专户储存，不得挤占和挪用。农村合作医疗基金由农村合作医疗管理委员会及其经办机构进行管理。农村合作医疗经办机构应在管理委员会认定的国有商业银行设立农村合作医疗基金专用账户，确保基金的安全和完整，并建立健全农村合作医疗基金管理的规章制度，按照规定合理筹集、及时审核支付农村合作医疗基金。农村合作医疗基金中农民个人缴费及乡村集体经济组织的扶持资金，原则上按年由农村合作医疗经办机构在乡、镇设立的派出机构（人员）或委托有关机构收缴，存入农村合作医疗基金专用账户；地方财政支持资金，由地方各级财政部门根据参加新型农村合作医疗的实际人数，划拨到农村合作医疗基金专用账户；中央财政补助中西部地区新农合的专项资金，由财政部根据各地区参加新农合的实际人数和资金到位等情况核定，向省级财政划拨。对农村合作医疗基金要加强监管。农村合作医疗经办机构要定期向农村合作医疗管理委员会汇报农村合作医疗基金的收支、使用情况；要采取张榜公布等措施，定期向社会公布农村合作医疗基金的具体收支、使用情况，保证参加合作医疗农民的参与、知情和监督的权利。县级人民政府可根据本地实际，成立由相关政府部门和参加合作医疗的农民代表共同组成的农村合作医疗监督委员会，定期检查、监督农村合作医疗基金使用和管理情况。农村合作医疗管理委员会定期向监督委员会和同级人民代表大会汇报工作，主动接受监督。审计部门要定期对农村合作医疗基金收支和管理情况进行审计。

（二）新农合的基本特点

1. 政府推动，农民自愿

在新型合作医疗制度的建立过程中，政府充分发挥其组织引导作用，在做好宣传、组织工作的基础上引导农民参加合作医疗，不强迫命令，不强求一律，农民都是根据自己的意愿决定是否参加合作医疗。

2. 因地制宜，多种形式

根据各地经济发展水平和群众意愿，因地制宜实行不同水平、不同形式的合作医疗制度。在目前国家经济实力有限、各地农村经济发展不平衡的情况下，因地制宜地选择合作医疗的具体形式，这有利于调动各方面的积极性，在最短的时间内，使农民获得相应的医疗保障。

3. 保大顾小，重点保大

“大”指大额医疗费用，“小”指小额门诊费用。有条件的地方实行大额医疗费用补助与小额医疗费用补助结合的办法，但以大病统筹为主要形式，重点解决农民大病、重病的大额医疗费用补偿，充分发挥合作医疗的风险保障功能，尽量减少农民“因病返贫”和“因病致贫”。

4. 县级统筹，有效监管

新型合作医疗以县、市为单位进行统筹和管理，扩大了合作医疗的社会共济范围，提高了合作医疗抵御大病风险的能力。合作医疗资金的收支、使用情况要定期向社会公布，接受参保农民监督、监督委员会监督、同级人民代表大会监督和审计部门监督，防止发生挪用、侵占行为，确保合作医疗资金能够全部、公正和有效地用在农民身上。

5. 政府投资，责任强化

2013年开始每人每年补助280元，凸显政府在农村居民收入分配方面的倾斜。政府投资体现了新型合作医疗强化了政府在农民医疗保障中的责任。

6. 机构健全，多方协作

新型合作医疗的管理工作由卫生行政部门负责，卫生行政部门内设农村合作医疗管理机构。县级政府成立农村合作医疗管理委员会，下设办事机构，以县为单位统一管理，机构和人员所需经费列入国家财政预算。乡镇设立派出机构（人员）或委托有关机构进行管理。新型合作医疗管理工作由省、地方政府的卫生、财政、农业、民政、审计、扶贫等部门协调配合。

（三）新农合实行中存在的问题

1. 参合农民对新农合相关制度认知度差

新农合的宣传以文字形式的宣传资料为主，受农民文化水平不均衡的限制，对新农合的政策了解不够深入，尤其外出务工农民更是很少渠道了解到新农合的政策，导致农民即便知晓新农合的报销比例，在遇到实际就医问题时也很难正确选择定点医疗机构，准确无误地备齐新农合报销需要的手续资料，浪费了大量的时间和精力。参合群众的意见较大，在一定程度上影响了农民参合的积极性。

2. 新农合数据信息不畅通，报销过程缓慢

部分农民对于感冒、发热这样的小病都不去走新农合的报销，一方面是新农合的宣传力度不够，另一方面是有些定点机构确实报销不够及时。此外，为了保障新农合资金的安全，新农合报销有一定的审核周期，报销资金一般也是采取转账支付的方式。新农合的制度已经覆盖到全国范围，但是新农合的数据信息目前仍然局限于各省内共享，有些地方甚至做不到省内共享。南

方的农民到北方打工，北方的农民到南方打工，生病救治就会遇到新农合的异地就医报销问题。现有的政策要么是不能够实现省际异地报销，要么报销比例低。而且信息的不畅通还会助长假发票报销这种不正之风的蔓延。因此，新农合信息的共享是亟待解决的问题。

3. 新农合保障水平低能力差

目前新农合对大病的报销范围仅为20种疾病，开展大病救治的医疗点比较少，还有不少需要农民自费的项目，能够从大病报销中受益的农民人数比大病救治需求量少之甚少。即便大病住院医疗的报销比例达到了70%，另外30%的部分对于困难农民家庭来说也是沉重的负担，因病返贫的现象依然存在。

4. 新农合基本药物推广难

部分乡镇医院在诊治过程中，会因为新农合的基本药物价格较低，直接影响医院以及医务人员的收入水平。过度检查和过度用药的现象越发严重，虽然药品在基本医疗药物目录范围内，但是加重了整体医疗负担，农民得不到实惠，国家承担更多的费用。

5. 基层医务人员素质偏低

新农合规定倡导的是“小病不出村”，这就要求基层医务人员的医疗诊治能力，小病治得好，大病能诊断。在农村的实际情况是农民担心乡村定点卫生机构的医疗水平，小病自己吃药，大病直接到大医院看。新农合的转诊制度发挥不出应有的效力，农民也享受不到高比例的报销政策。

（四）当前我国新农合的完善

1. 多方位扩大新农合制度宣传力度，营造良好社会讨论氛围

新农合的宣传要落到实处，下到基层农民身边，耐心讲解国家新农合新的政策措施，有针对性地解决参合农民就医报销问

题。利用广播、电视、网络等新媒体多方位宣传，形式上通俗易懂、喜闻乐见，用农民实际医疗案例说明问题。简化参合农民就医报销程序，解决外出务工农民合作医疗就医的实际问题。农民切实从合作医疗中受益，自然会宣传合作医疗的益处，起到事半功倍的作用。

2. 搭建国家级信息共享平台，实现新农合的数据联网

新农合的信息化建设势在必行。国家要对新农合的信息化建设设立专项经费，从资金上保障新农合信息化建设，使各省市的信息相互贯通，新农合的跨省市就医报销就不是问题了。新农合信息的联网把全国几十万的定点医疗机构编织在网络信息平台上，信息的透明化降低了骗取和套取新农合资金的现象发生的概率。新农合信息的共享也有利于各省市之间的交流学习，更好地促进新农合的发展。

3. 拓宽新农合融资渠道，提高保障水平

首先，要保证新农合的筹资水平稳步增长，在不增加农民负担的情况下，加大政府的补助力度。其次，确保新农合基金的节支增效，在新农合工作的各个环节节约资金，俗话说“好钢用在刀刃上”，要让新农合资金最大限度地使用在农民就医上。最后，拓宽新农合的资金渠道，积极引入商业保险资源，将商业保险机构和新农合管理机构部分工作相融合，不仅有利于机构间相互监督，还节约了人力成本，而且达到新农合资金保值增效的目的。

4. 积极引入大病保险政策，做好新农合大病医治工作

新农合基金的来源有限，要想新农合资金保值增效，需要政府在新农合制度上大胆创新，积极引入社会保险力量，将新农合资金的部分份额投入社会保险，借助社会保险已经成熟的运转方式，达到新农合资金保值增效的目的。现有新农合的大病报销仅包括儿童先天性心脏病、肺癌、心肌梗死等20种疾病，需要政

府部门扩大新农合大病报销范围，将近些年患病呈上升趋势的病种纳入新农合的报销范围，使患病家庭切实从新农合政策受益。

5. 巩固完善新农合基本药物制度，扩大基本药物制度实施成效

要想使农民更好地从新农合基本药物制度中获益，需要做到以下几点。首先，要调整和完善国家基本药物目录；其次，加强药物在生产和流通环节的监管，集中采购统一配送；再次，要规范定点医疗机构的基本药物采购制度，加强供应保障体系的建设；最后，加强新农合定点医疗机构的依法监管，保持新农合制度的长期健康运行。

6. 提升新农合基层医务人员素质，完善绩效考核体系

加强基层卫生工作人员的培训，积极探讨与各大医学院合作，推行农村医疗卫生机构医师的高等学历教育。完善新农合医务人员的薪酬分配制度和奖励政策，解决农村基层医务人员养老问题，全面推行聘用制度和岗位管理制度。

7. 改革支付方式，转变补偿机制

现有的新农合报销采取的是“先付后报”的制度，大处方大检查都已经花费结束了，再去审查剔除，加重了农民负担。应尽快改变支付方式为“预付费”制度，采取总额预付、按病种、按单元、按人头等支付方式，更好的控制医疗费用，规范医疗服务行为，提高基金绩效。

三、城乡居民医保制度

（一）出台背景

2003年与2007年，我国针对农村人口、城镇非就业人口分别建立了新型农村合作医疗、城镇居民基本医疗保险制度。制度建立以来，覆盖范围不断扩大，保障水平稳步提高，制度运行持

续平稳，对于健全全民基本医保体系、满足群众基本医疗保障需求、提高人民群众健康水平发挥了重要作用。

近年来，随着经济社会快速发展，两项制度城乡分割的负面作用开始显现，存在着重复参保、重复投入、待遇不够等问题。在总结城镇居民基本医疗保险和新型农村合作医疗运行情况以及地方探索实践经验的基础上，党中央、国务院明确提出整合城镇居民基本医疗保险和新型农村合作医疗两项制度，建立统一的城乡居民医保制度。

（二）整合城乡居民医保制度政策

《国务院关于整合城乡居民基本医疗保险制度的意见》分总体要求与基本原则；整合基本制度政策；理顺管理体制；提升服务效能；精心组织实施，确保整合工作平稳推进5个部分。其中，整合城乡居民医保制度政策提出了“六统一”要求：统一覆盖范围，统一筹资政策，统一保障待遇，统一医保目录，统一定点管理，统一基金管理。

1. 统一覆盖范围

城乡居民医保制度覆盖范围包括现有城镇居民医保和新农合所有应参保（合）人员，即覆盖除职工基本医疗保险应参保人员以外的其他所有城乡居民。农民工和灵活就业人员依法参加职工基本医疗保险，有困难的可按照当地规定参加城乡居民医保。各地要完善参保方式，促进应保尽保，避免重复参保。

2. 统一筹资政策

坚持多渠道筹资，继续实行个人缴费与政府补助相结合为主的筹资方式，鼓励集体、单位或其他社会经济组织给予扶持或资助。各地要统筹考虑城乡居民医保与大病保险保障需求，按照基金收支平衡的原则，合理确定城乡统一的筹资标准。现有城镇居民医保和新农合个人缴费标准差距较大的地区，可采取差别缴费的办法，利用 2~3 年时间逐步过渡。整合后的实际人均筹资和个人缴费不得低于现有水平。

完善筹资动态调整机制。在精算平衡的基础上，逐步建立与经济社会发展水平、各方承受能力相适应的稳定筹资机制。逐步建立个人缴费标准与城乡居民人均可支配收入相衔接的机制。合理划分政府与个人的筹资责任，在提高政府补助标准的同时，适当提高个人缴费比重。

3. 统一保障待遇

遵循保障适度、收支平衡的原则，均衡城乡保障待遇，逐步统一保障范围和支付标准，为参保人员提供公平的基本医疗保障。妥善处理整合前的特殊保障政策，做好过渡与衔接。

城乡居民医保基金主要用于支付参保人员发生的住院和门诊医药费用。稳定住院保障水平，政策范围内住院费用支付比例保持在 75%左右。进一步完善门诊统筹，逐步提高门诊保障水平。逐步缩小政策范围内支付比例与实际支付比例间的差距。

4. 统一医保目录

统一城乡居民医保药品目录和医疗服务项目目录，明确药品和医疗服务支付范围。各省、区、市要按照国家基本医保用药管理和基本药物制度有关规定，遵循临床必需、安全有效、价格合理、技术适宜、基金可承受的原则，在现有城镇居民医保和新农合目录的基础上，适当考虑参保人员需求变化进行调整，有增有减、有控有扩，做到种类基本齐全、结构总体合理。完善医保目录管理办法，实行分级管理、动态调整。

5. 统一定点管理

统一城乡居民医保定点机构管理办法，强化定点服务协议管理，建立健全考核评价机制和动态的准入退出机制。对非公立医疗机构与公立医疗机构实行同等的定点管理政策。原则上由统筹地区管理机构负责定点机构的准入、退出和监管，省级管理机构负责制定定点机构的准入原则和管理办法，并重点加强对统筹区域外的省、市级定点医疗机构的指导与监督。

6. 统一基金管理

城乡居民医保执行国家统一的基金财务制度、会计制度和基金预决算管理制度。城乡居民医保基金纳入财政专户，实行“收支两条线”管理。基金独立核算、专户管理，任何单位和个人不得挤占挪用。

结合基金预算管理全面推进付费总额控制。基金使用遵循以收定支、收支平衡、略有结余的原则，确保应支付费用及时足额拨付，合理控制基金当年结余率和累计结余率。建立健全基金运行风险预警机制，防范基金风险，提高使用效率。

强化基金内部审计和外部监督，坚持基金收支运行情况信息公开和参保人员就医结算信息公示制度，加强社会监督、民主监督和舆论监督。

（三）2022 年城乡居民基本医疗保障工作

1. 合理提高筹资标准

为适应医疗费用增长和基本医疗需求提升，确保参保人员医保权益，2022 年继续提高城乡居民基本医疗保险（简称居民医保）筹资标准。各级财政继续加大对居民医保参保缴费补助力度，人均财政补助标准新增 30 元，达到每人每年不低于 610 元，同步提高个人缴费标准 30 元，达到每人每年 350 元。中央财政继续按规定对地方实施分档补助，对西部、中部地区分别按照人均财政补助标准 80%、60%的比例给予补助，对东部地区各省份分别按一定比例补助。统筹安排城乡居民大病保险（简称大病保险）资金，确保筹资标准和待遇水平不降低。探索建立居民医保筹资标准和居民人均可支配收入相挂钩的动态筹资机制，进一步优化筹资结构。放开新就业形态从业人员等灵活就业人员参保户籍限制。切实落实《居住证暂行条例》持居住证参保政策规定，对于持居住证参加当地居民医保的，各级财政要按当地居民相同标准给予补助。

2. 巩固提升待遇水平

要坚持“以收定支、收支平衡、略有结余”原则，尽力而为、量力而行，统筹发挥基本医保、大病保险和医疗救助三重制度综合保障效能，科学合理确定基本医保保障水平。稳定居民医保住院待遇水平，确保政策范围内基金支付比例稳定在70%左右。完善门诊保障措施，继续做好高血压、糖尿病门诊用药保障，健全门诊慢性病、特殊疾病（简称门诊慢特病）保障。增强大病保险、医疗救助门诊保障功能，探索将政策范围内的门诊高额医疗费用纳入大病保险合规医疗费用计算口径，统筹门诊和住院救助资金使用，共用年度救助限额。合理提高居民医保生育医疗费用保障水平，切实支持三孩生育政策，减轻生育医疗费用负担，促进人口长期均衡发展。

3. 切实兜住兜牢民生保障底线

要巩固拓展医疗保障脱贫攻坚成果，夯实医疗救助托底功能，坚决守住守牢不发生因病规模性返贫的底线。继续做好医疗救助对困难群众参加居民医保个人缴费分类资助工作，全额资助特困人员，定额资助低保对象、返贫致贫人口。统筹提高医疗救助资金使用效率，用足用好资助参保、直接救助政策，确保应资尽资、应救尽救。健全防范化解因病返贫致贫长效机制，完善参保动态监测、高额费用负担患者预警、部门间信息共享、风险协同处置等工作机制，确保风险早发现、早预防、早帮扶。完善依申请救助机制，对经相关部门认定核准身份的困难群众按规定实施分类救助，及时落实医疗救助政策。对经三重制度保障后个人费用负担仍较重的困难群众，做好与临时救助、慈善救助等的衔接，精准实施分层分类帮扶，合力防范因病返贫致贫风险。

4. 促进制度规范统一

要坚决贯彻落实医疗保障待遇清单制度，规范决策权限，促进制度规范统一，增强医保制度发展的平衡性、协调性。严格按照《贯彻落实医疗保障待遇清单制度三年行动方案（2021—2023年）》要求，2022 年底前实现所有统筹地区制度框架统一，40%统筹地区完成清单外政策的清理规范。坚持稳扎稳打、先立后破，统筹做好资金并转和待遇衔接，促进功能融合。推动实现全国医保用药范围基本统一。逐步规范统一省内基本医保门诊慢特病病种范围等政策。加强统筹协调，按照政策统一规范、基金调剂平衡、完善分级管理、强化预算考核、提升管理服务的方向，稳步推进省级统筹，职工医保和居民医保可分类序贯推进。要严格落实重大决策、重大问题、重大事项请示报告制度，新情况、新问题和重大政策调整要及时请示报告后实施。各省份落实医疗保障待遇清单制度情况将纳入相关工作绩效考核。

5. 做好医保支付管理

要加强医保药品目录管理，做实做细谈判药品“双通道”管理，加强谈判药品供应保障和落地监测。做好医保支付标准试点工作并加强监测。2022 年 6 月底前全部完成各省份原自行增补药品的消化工作。规范民族药、医疗机构制剂、中药饮片和中药配方颗粒医保准入管理。完善医保医用耗材和医疗服务项目管理。持续推进医保支付方式改革，扎实落实《DRG/DIP 支付方式改革三年行动计划》，加快推进 DRG/DIP 支付方式改革，覆盖辖区至少 40%统筹地区。探索门诊按人头付费，推进中医医保支付方式改革，探索中医病种按病种分值付费。完善医疗机构和零售药店医疗保障定点管理，加强“互联网+”医疗服务医保管理，畅通复诊、取药、配送环节。

6. 加强药品耗材集中带量采购和价格管理

要全方位、多层次推进药品、医用耗材集采工作，统筹协调开展国家组织和省际联盟集采。2022 年底国家和省级（或跨省联盟）集采药品品种数累计不少于 350 个，高值医用耗材品种累计达到 5 个以上。做好集采结果落地实施和采购协议期满接续工作，落实好医保基金预付、支付标准协同、结余留用等配套政策。提升完善医药集采平台功能，强化绩效评价，提高公立医疗机构网采率，推广线上结算。稳妥有序推进深化医疗服务价格改革试点，指导督促统筹地区做好 2022 年调价评估及动态调整工作。启动医药价格监测工程，编制医药价格指数，强化药品和医用耗材价格常态化监管，持续推进医药价格和招采信用评价制度实施。

7. 强化基金监管和运行分析

要加快建设完善医保基金监管制度体系和执法体系，推动建立激励问责机制，将打击欺诈骗保工作纳入相关工作考核。继续开展打击欺诈骗保专项整治行动，不断拓展专项整治行动的广度和深度。完善医保部门主导、多部门参与的监管联动机制，健全信息共享、协同执法、联防联动、行刑衔接和行纪衔接等工作制度，推进综合监管结果协同运用，形成一案多查、一案多处、齐抓共管的基金监管工作格局。

要按要求做好基金预算绩效管理工作，完善收支预算管理。综合人口老龄化、慢性病等疾病谱变化、医药新技术应用、医疗费用增长等因素，开展基金收支预测分析，健全风险预警、评估、化解机制及预案，切实防范和化解基金运行风险。

8. 健全医保公共管理服务

要增强基层医疗保障公共服务能力，加强医疗保障经办力量。全面落实经办政务服务事项清单和操作规范，推动医疗保障政务服务标准化规范化，提高医保便民服务水平。全面落实基本医保参保管理经办规程，加强源头控制和重复参保治理，推进“参保一件事”一次办。优化参保缴费服务，坚持智能化线上缴费渠道与传统线下缴费方式创新并行，持续提升缴费便利化水平。全面落实基本医保关系转移接续暂行办法，继续深入做好转移接续“跨省通办”。积极参与推进“出生一件事”联办。继续做好新冠肺炎患者医疗费用、新冠疫苗及接种费用结算和清算工作。2022 年底前实现每个县开通至少一家普通门诊费用跨省联网定点医疗机构，所有统筹地区开通高血压、糖尿病、恶性肿瘤门诊放化疗、尿毒症透析和器官移植术后抗排异治疗 5 种门诊慢特病费用跨省直接结算服务。

9. 推进标准化和信息化建设

要持续推进全国统一的医保信息平台深化应用，充分发挥平台效能。全面深化业务编码标准维护应用，建立标准应用的考核评估机制。建立完善的信息系统运维管理和安全管理体系，探索建立信息共享机制。发挥全国一体化政务服务平台、商业银行、政务应用等渠道作用，在跨省异地就医备案、医保电子凭证激活应用等领域探索合作机制。

10. 做好组织实施

要进一步提高政治站位，强化责任担当，压实工作责任，确保城乡居民医疗保障各项政策措施落地见效，持续推进保障和改善民生。各级医疗保障部门要加强统筹协调，强化部门协同，抓实抓好居民医保待遇落实和管理服务，财政部门要按规定足额安排财政补助资金并及时拨付到位，税务部门要做好居民医保个人缴费征收工作、方便群众缴费，部门间要加强工作联动和信息沟通。要进一步加大政策宣传力度，普及医疗保险互助共济、责任共担、共建共享的理念，增强群众参保缴费意识，合理引导社会预期，做好舆情风险应对。

第三节 乡村社会救助制度

一、乡村社会救助的含义

社会救助是指国家与社会面向由贫困人口与不幸者组成的社会脆弱群体提供款物接济和扶助的一种生活保障政策，它通常被视为政府的当然责任或义务，采取的也是非供款制、无偿救助的方式，目的是帮助社会脆弱群体摆脱生存危机，进而维护社会秩序的稳定。

乡村社会救助是指国家和集体对乡村中生活困难的贫困人员采取物质帮助、扶持生产等多种形式以保障其基本生活的一种社会救助制度。

二、社会救助的对象

我国的社会救助的对象主要由 3 部分人员组成。

（1）无依无靠、没有劳动能力、又没有生活来源的“三无”人员，主要包括孤儿、残疾人以及没有参加社会保险且无子女的老人。

（2）有收入来源，但生活水平低于法定最低标准的人。这部分人群也可称为贫困人口，即生活水平低于国家规定的最低生活标准的社会成员。

（3）有劳动能力、有收入来源，但由于意外的自然灾害或社会灾害，而使生活一时无法维持的人。这部分人群俗称灾民，即遭受灾害的严重侵袭而使生活一时陷入困境的社会成员。

三、社会救助体系

社会救助体系是指一个国家或地区对于低收入群体及不幸者进行各种救助项目所形成的一整套制度框架体系。社会救助体系，按照不同的划分标准，可以做不同的分类。

（一）依据救助的实际内容分类

社会救助可分为生活救助、灾害救助、失业救助、住房救助、医疗救助、教育救助、法律援助、农村扶贫开发等。

（1）生活救助是指对家庭人均收入低于贫困线或当地最低生活保障标准的贫困人口，实行差额补助的一种社会救助。中国的最低生活保障制度是一种生活救助，其最显著的特点就是解决保障对象的最低生活保障问题，而不是改善其生活。

（2）灾害救助是指当社会成员遭受自然灾害袭击而造成生活困难时，由国家和社会紧急提供援助的一种社会救助，目的在于帮助社会成员度过灾害发生带来的生活困境。如地震救助、洪水救助等等。灾害救助包括现金救助、实物救助以及以工代赈等。

（3）失业救助是与失业保险制度相配套的制度安排，其救助对象是因失业救济金低下无法维持基本生活或失业保险期满仍未找到工作，生活陷入困境者。其特点是不受时间限制，在失业者重新找到工作之前可以长期享受。

（4）住房救助是指政府向低收入家庭和其他需要保障的特殊家庭提供住房租金补贴或以低廉租金配租住房的一种社会救助。其实质就是由政府承担住房市场费用与居民支付能力之间的差额，解决部分居民因住房支付能力不足而居无定所的问题。

（5）医疗救助是指对贫困人口中因病而没有经济能力进行治疗的人，实施专项帮助和支持的一种社会救助。其特点是在政府主导下，社会广泛参与，通过医疗机构实施，旨在恢复其受助对象的健康。

（6）教育救助是国家和社会为保障适龄人口获得接受教育的公平机会而对贫困地区和贫困家庭子女提供物质援助的一种社会救助。其特点是通过减免学杂费用、资助学杂费等方式帮助贫困人口完成相关阶段的学业，以提高其文化技能。

（7）法律援助是指国家在司法制度运行中对因贫困及其他原因导致的难以通过一般意义上的法律手段保障自身基本社会权利的社会成员，通过减免收费、提供法律帮助等实现其司法权益的一项社会救助。与其他社会救助项目不同的是，法律援助是以司法救济的形式出现的，其直接目的是实现司法公正与正义。法律援助的主要内容包括诉讼费减免、免费提供律师、公证和法律咨询服务等。

（8）扶贫开发是指国家和社会通过包括政策、资金、物资、技术、信息、劳务、就业等方面的外部投入，对贫困地区的经济运行状态进行调整、优化，在此基础上实现贫困地区经济的良性增长，进而缓解贫困地区的贫困，促使贫困人口逐渐摆脱贫困的政策体系。它虽然与其他社会救助项目相比，主要是面向区域而不是直接面向贫困家庭与个人，但追求的目的仍然是社会救助要达到的目标，并且同样需要运用政府的公共权力与公共资源，从而仍然可以纳入到现代社会救助体系中来。

（二）依据救助的手段分类

社会救助可以划分为现金救助、实物救助、服务救助和以工代赈等。

（1）现金救助是指以发放现金的形式为救助对象提供帮助的社会救助形式，费用的减免或核销其实也是现金救助，它是现代社会救助的主要形式。现金救助的优点是受助者可以根据自己的需要来将其转换为各种物质或服务，从而更有利于实现据需保障。在社会救助中，现金救助采用得最为经常。

（2）实物救助是指以发放物资的形式为救助对象提供帮助的社会救助形式，它是一种传统的救助形式。实物救助的优点是所发的物资可以直接消费，救助的效果比较快捷，因此，在现代社会它主要在灾害救助中被经常采用。不过，实物救助需要讲究针对性，从而并非任何救助项目均可以采用的。

（3）服务救助是指针对特殊的救助对象提供生活照顾和护理等服务。主要包括了对高龄老人的护理服务、对孤儿的关爱和照顾等。

（4）以工代赈是指通过提供相应的工作或就业机会并发放劳动报酬的方式实现对救助对象的救助。在灾害救助与扶贫开发中，以工代赈就是一种被国内外较为广泛采用的救助手段。

实际上，许多救助项目在实践中并不限于使用上述一种手段，而是可能2种或多种救助同时采用。如灾害救助就几乎包括了上述4种救助手段。

四、社会救助的形式

农村社会救助工作坚持依靠集体、依靠群众，开展社会互助互济和扶持生产自救、辅之以国家必要的救济，形成了国家、集体、个人相结合的格局，走出了一条具有中国特色的农村社会救助路子。

（一）国家救济与集体补助相结合

我国农村的贫困人口较多，全国有85.2%的贫困对象分布在农村，农村社会救济的任务十分艰巨。由于国家的财务有限，单纯依靠国家救济难以全部保障农村贫困对象的生活。因此，随着集体经济的产生和发展，采取国家救济与集体补助相结合，改变了单纯依靠国家救济的状况，形成了农村救济依靠国家和集体“两条腿走路”的新局面，进一步提高了农村的社会保障能力。农村社会救济坚持贯彻依靠集体，辅之以国家救济的原则，立足于集体，以集体补助为主，国家救济给予必要的补充，二者紧密结合，成为农村社会救济的主体力量。

（二）国家救济与社会互助互济相结合

社会互助互济是中华民族的传统美德，也是农村社会救济的重要方式。各级人民政府动员和组织城市支持农村，非贫困地区支援贫困地区，广泛开展村邻互帮、邻里互助，形成社会、集体、个人相结合，多层次、多形式互助的新局面。

通过开展社会互助互济，不仅及时有效地解决了贫困对象的生活困难，也减轻了国家和集体的压力，而且还扩大了社会的参与和影响，取得了社会广泛的关心和支持，确立了互助友爱、扶弱济困的良好社会风尚，促进了社会主义精神文明建设。

（三）救济与扶持生产相结合

扶持贫困对象生产自救是救济工作的开展和延伸，它使救济的主体与对象密切合作，进一步提高了救济效率。从实际出发，积极探索创新，采取无偿扶持与有偿扶持相结合，对有偿还能力的贫困对象实行扶持生产资金有偿使用，收回的资金作为扶贫周转金滚动使用，使扶持贫困对象生产自救进入了新的发展阶段。

（四）救济与以工代赈相结合

以工代赈是中国传统的救济方式之一。组织有劳动能力的贫困对象以工代赈，使贫困对象通过参加国家的工程建设解决生活困难，是进行社会救济的一种有效方式。

第四节　乡村最低生活保障制度

一、保障对象与类别

最低生活保障是国家对共同生活家庭成员人均收入低于当地最低生活保障标准，且符合当地最低生活家庭财产规定的家庭，给予一定现金帮助的一种社会救助制度。保障对象与类别如下。

（一）一类对象

应当满足完全丧失劳动能力的条件。

（二）二类对象

应当满足部分丧失劳动能力的条件（家庭主要成员有妊娠、哺乳、照护重度残疾人或重病患者，以及单亲抚养学前儿童等情形的；家庭主要成员有劳动能力，但非主要成员因重病、重残等刚性支出增加，生活入不敷出的视为部分丧失劳动能力）。

（三）三类、四类对象

属于有劳动能力的家庭，只是因为其他原因造成收入较低，在当地属于明显困难的家庭。

二、认定条件

（一）家庭收入

家庭收入是指共同生活的家庭成员在申请前 12 个月内获得的实际收入，主要包括工资性收入、经营净收入、财产净收入、转移净收入。主要把握好 4 点。①收入计算的时间段，是“申请前 12 个月内”，而不一定是“上年度”，也不是“有 12 个月的某一个时间段”。②工资性收入的计算时间，不是每人每年算 12 个月，而是分档计算：对于长期务工人员，按 10 个月计算；对短期务工人员，按 6 个月计算；对灵活务工人员，按 3 个月计算，还要扣减必要的就业成本。③赡（抚）养费的计算，申请人的子女是低保对象或低保边缘家庭，可以不计算赡养费，除此之外无特殊缘由的都要计算赡（抚）养费。④不计入家庭收入的项目，主要包括优待抚恤金、计划生育奖励与扶助金、奖学金、见义勇为奖励补助，政府发放的各类社会救助款物，中央和省确定的基本养老保险基础养老金等。

（二）家庭财产

低保家庭财产应当满足的最低条件。①在住房方面，居住用房不超过 1 套（栋），且名下再无其他商品房、商铺、车库（位）、出租类不动产等，如果困难群众的住房只有 1 套，那么它可以是商品房。②在存款方面，按不超过“当地低保标准×保障家庭人口数×24 个月”的计算数额。③在车辆方面，符合“无 5 万元以上消费型机动车或大型农机具”的规定。④在市场主体方面，规定要无经商登记。但有 3 种情形可视为无经商登记：一是无经济实体、无收入；二是属于无雇员的小作坊、小卖部，且净收入不超过当地低保标准；三是属于原建档立卡贫困户统一参加当地合作社、集体所有制公司等经济组织。

（三）大额刚性支出

主要包括申请前 12 个月内共同生活的家庭成员因病、因残、因学等造成的必须支出。①因病刚性支出，包括 3 个方面：一是家庭成员因病住院，按规定享受各类报销救助政策后，由个人自负的合规费用；二是长期患慢性疾病需门诊救治，按规定享受各项政策后，由个人自负的合规费用；三是因治疗疾病必须支出的交通费、生活费。②因残刚性支出，指家庭成员因残疾康复治疗和配备必要的辅助器械个人支出费用。③因学刚性支出，包括 2 个方面：一是家庭成员中有就读于国内全日制普通高校、高职、高专和高中（含中专）的学生，每年缴纳的学杂费、书本费；二是必须支出的生活费。

（四）低保单人户保障条件

主要有两种情况：①将低保边缘家庭中的重病、重残人员，经个人申请，按照单人户纳入低保范围；②脱离家庭、在宗教场所居住3年以上（含3年）的生活困难的宗教教职人员，也按照单人户纳入低保范围。重残人员是指持有残疾证的一级、二级重度残疾人和三级智力、精神残疾人；重病患者是指患有相关部门认定的重特大疾病或者当年患病就医自负费用超过上年度家庭总收入的人员；就医自负费用指经基本医保、大病保险以及各类补充医疗保险、商业保险报销，并实施医疗救助后剩余的费用；低保边缘家庭是指家庭年人均收入达到或超过当地低保标准，但低于低保标准的1.5倍的家庭。

三、审核确认程序

（一）办理时限

低保审核确认工作自受理之日起30个工作日之内完成；特殊情况下，可以延长至45个工作日。乡镇（街道）自受理申请之日起3个工作日内，启动家庭经济状况调查工作；县级民政部门在收到信息核对提请后3个工作日内，启动信息核对程序。

（二）入户调查

对申请低保家庭开展入户调查时，调查人员不得少于2人，入户调查结束后，还要填写入户调查表，并由调查人员和在场的共同生活家庭成员分别签字。

（三）民主评议

过去的低保审核审批程序中，村级民主评议是必不可少的环节，而现在已不再是必须环节。现在要求“对公示有异议的，乡镇（街道）对申请家庭的经济状况重新组织调查或者开展民主评议”。一般情况下认定农村低保不再开展民主评议。

四、保障标准

以甘肃省陇南市 2022 年全市农村低保发放标准为例：一类对象年人均 5 268元（月 439 元）、二类对象年人均 5 004元（月 417 元）、三类对象年人均 1 008元（月 84 元）、四类对象年人均 696 元（月 58 元）。

第七章 乡村土地资源管理

第一节 农村土地资源管理概述

一、土地资源类型

（一）土地资源的相关概念

土地资源是在目前的社会经济技术条件下可以被人类利用的土地，是一个由地形、气候、土壤、植被、岩石和水文等因素组成的自然综合体，也是人类过去和现在生产劳动的产物。因此，土地资源既具有自然属性，也具有社会属性。

（二）土地资源分类

从我国的实际情况出发，同时借鉴国外一些发达国家的经验，《中华人民共和国土地管理法》（简称《土地管理法》）将我国土地分为三大类，即农用地、建设用地和未利用地。

农用地是指直接用于农业生产的土地，包括耕地、林地、草地、农田水利用地、养殖水面等。

建设用地是指建造建筑物、构筑物的土地，包括城乡住宅和公共设施用地、工矿用地、交通水利设施用地、旅游用地、军事设施用地等。

未利用地是指农用地和建设用地以外的土地。

二、土地产权制度

（一）土地产权

土地产权是指以土地所有权为核心的土地财产权利的总和，包括土地所有权及与其相联系的和相对独立的各种权利，如占有权、使用权、经营权等。

（二）土地所有权

土地所有权，又分为国有土地所有权、集体土地所有权两种类型。土地使用权，也分为国有土地使用权和集体土地使用权两种类型。其他项权利，包括地上权、地下权、耕地权等一系列同土地有关的使用权。

（三）国有土地所有权

根据《土地管理法》第九条规定，城市市区的土地属于国家所有。农村和城市郊区的土地，除由法律规定属于国家所有的以外，属于集体所有。具体来说，国有土地包括：①城市市区的土地；②农村和城市郊区中已经依法没收、征收、征购为国有的土地；③国家依法征用的土地；④依法不属于集体所有的林地、草地、荒地、滩涂及其他土地；⑤农村集体经济组织全部成员转为城镇居民的，原属于其成员集体所有的土地；⑥因国家组织移民、自然灾害等原因，农民成建制地迁移后不再使用的原属于迁移农民集体所有的土地。

（四）集体土地所有权

集体所有制，实际上是指土地的农民集体所有制，表现在土地所有权上就是农民集体的土地所有权。

劳动群众集体对属于其所有的土地依法享有的占有、使用、收益和处分权利，是土地集体所有制在法律上的表现。集体土地所有权的主体只能是农民集体，依农民集体的所属不同，可以将集体土地所有权划分为 3 种：①村农民集体土地所有权；②乡、镇农民集体土地所有权；③村内 2 个以上农村集体经济组织的土地所有权。

三、征地补偿制度

（一）土地征用

土地征用是指国家为了社会公共利益的需要，依据法律规定的程序和批准权限批准，并依法给予农村集体经济组织及农民补偿后，将农民集体所有土地使用权收归国有的行政行为。国家行政机关有权依法征用公民、法人或者其他组织的财物、土地等。

行政征收与行政征用的区别主要是：行政征收取得的是财产所有权，而行政征用取得的是财产使用权。

（二）土地征收

“土地征收”和“土地征用”两个概念，有些人认为二者没有实质区别，只是表述不同。实际上，二者既有共同之处，又有不同之处。共同之处在于，都是为了公共利益需要，都要经过法定程序，都要依法给予补偿。不同之处在于，征收的法律后果是土地所有权的改变，土地所有权由农民集体所有变为国家所有；征用的法律后果只是使用权的改变，土地所有权仍然属于农民集体，征用条件结束需将土地交还给农民集体。简言之，涉及土地所有权改变的，是征收；不涉及所有权改变的，是征用。

（三）征地补偿

征收集体所有的土地，应当支付土地补偿费、安置补助费、土地附着物补偿费等费用，并足额安排被征地农民的社会保障费用，维护被征地农民的合法权益，保障被征地农民的生活，征收单位、个人的房屋及其他不动产，应当给予拆迁补偿，维护被征收人的合法权益；征收居民房屋的，还应当保障被征收人的居住条件。

第二节 农用地管理制度

农用地是指直接用于农业生产的土地，包括耕地、林地、草地、农田水利用地、养殖水面等。

一、基本农田保护

基本农田是按照一定时期人口和社会经济发展对农用产品的需求，依据土地利用总体规划确定的不得占用的耕地。基本农田是耕地的一部分，而且主要是高产优质的那一部分耕地，因此，并不是所有的耕地都是基本农田。

《土地管理法》《基本农田保护条例》和自然资源部制定的有关规章对基本农田保护制度作了规定。这些制度概括起来主要有以下几个方面。

（一）基本农田保护规划制度

各级人民政府在编制土地利用总体规划时，应将基本农田保护作为规划的一项重要内容，明确基本农田保护的布局安排、数量指标和质量要求。

（二）基本农田保护区制度

县级和乡、镇土地利用总体规划应当确定基本农田保护区。保护区以乡、镇为单位划区定界，由县级人民政府设立保护标志，予以公告。

（三）占用基本农田审批制度

基本农田保护区经依法划定后，任何单位和个人不得改变或者占用。国家能源、交通、水利、军事等重点建设项目选址确实无法避开基本农田保护区，需要占用基本农田的，必须报国务院批准。

（四）基本农田占补平衡制度

建设占用多少基本农田，就必须补划数量相等、质量相当的耕地，确保本行政区域内土地利用总体规划确定的基本农田面积不减少。

（五）禁止破坏和闲置、荒芜基本农田制度

禁止任何单位和个人在基本农田保护区内建窑、建坟、挖砂、采石、采矿、取土、堆放固体废弃物或者进行其他破坏基本农田的活动；禁止任何单位和个人闲置、荒芜基本农田；禁止任何单位和个人擅自占用基本农田发展林果业和挖塘养鱼。

（六）基本农田保护责任制度

县级以上地方各级人民政府都要承担基本农田保护的责任。要通过层层签订基本农田保护责任书，将基本农田保护的责任落实到人、落实到地块，并作为考核政府领导干部政绩的重要内容。

（七）基本农田监督检查制度

县级以上地方人民政府应定期组织土地、农业及其他有关部门对基本农田保护情况进行检查，发现问题及时处理或向上级人民政府报告。

二、标准农田建设

标准农田建设是指通过土地整理等方法，对农田进行土地平整和田间水利建设、田间道路、田间防护林等建设，达到田成方、渠相通、路相连、林成网，水灌得进、排得出的要求，使农田生产条件得到明显的改善。

（1）土地连片集中，每块面积在 200 亩（1 亩 ≈ 667 米^2）以上。

（2）农田格式化，每块面积一般 2~3 亩，田间高低不大于 5

厘米，耕作层在30厘米以上。

(3) 水利排灌设施配套，干支渠道实现三面光。努力争取防洪标准达到20年一遇，治涝标准10年一遇，抗旱能力70天以上，地下水位控制在适宜作物生长的深度。

(4) 田间道路布局合理、通畅，保证农业机械能下田作业。

(5) 田间骨干道路，主干路两边营造绿化带。

三、农村土地承包

农村土地，是指农民集体所有和国家所有依法由农民集体使用的耕地、林地、草地，以及其他依法用于农业的土地。其他依法用于农业的土地，主要包括荒山、荒沟、荒丘、荒滩等“四荒”以及养殖水面等。《中华人民共和国农村土地承包法》第三条规定，国家实行农村土地承包经营制度。农村土地承包采取农村集体经济组织内部的家庭承包方式，不宜采取家庭承包方式的荒山、荒沟、荒丘、荒滩等农村土地，可以采取招标、拍卖、公开协商等方式承包。

四、农用地流转

土地流转指的是土地使用权流转，土地使用权流转的含义，是指拥有土地承包经营权的农户将土地经营权（使用权）转让给其他农户或经济组织，即保留承包权，转让使用权。

五、占用耕地补偿制度

占用耕地补偿制度是国家实行的一项保护耕地法律制度。它是指非农业建设经批准占用耕地，占用多少，就必须开垦多少与所占用的耕地数量和质量相当的耕地，没有条件开垦或者开垦的耕地不符合要求的，应依法交纳耕地开垦费，专款用于开垦新的耕地。占用耕地补偿制度是实现耕地占补平衡的一项重要法律措施。耕地占补平衡是占用耕地单位和个人的法定义务。

第三节 宅基地管理制度

一、宅基地概念

宅基地是指农村的农户或个人用作住宅基地而占有、利用本集体所有的土地。

宅基地是指建了房屋、建过房屋或者决定用于建造房屋的土地，包括建了房屋的土地、建过房屋但已无上盖物，不能居住的土地以及准备建房用的规划地3种类型。

根据我国法律规定，宅基地属于农民集体所有，公民个人没有所有权，只有使用权。

农村集体经济组织为保障农户生活需要而拨给农户建造房屋及小庭院使用的土地。用于建造住房、辅助用房（厨房、仓库、厕所）、庭院、沼气池、柴草堆放等。宅基地的所有权属于农村集体经济组织。农户只有使用权，不得买卖、出租和非法转让。农户对宅基地上的附着物享有所有权，有买卖和租赁的权利，不受他人侵犯。房屋出卖或出租后，宅基地的使用权随之转给受让人或承租人，但宅基地所有权始终为集体所有。出卖、出租房屋后再申请宅基地的，不予批准。农户建造房屋及小庭院使用土地，不得超过省、区、市规定的标准。

二、宅基地特征

宅基地使用权具有如下特征。

（1）宅基地使用权的主体只能是农村集体经济组织的成员。

城镇居民不得购置宅基地，除非其依法将户口迁入该集体经济组织。

（2）宅基地使用权的用途仅限于村民建造个人住宅。个人住宅包括住房以及与村民居住生活有关的附属设施，如厨房、院墙等。

（3）宅基地使用权实行严格的“一户一宅”制。根据《土地管理法》的规定，农村村民一户只能拥有一处宅基地，其面积不得超过省、自治区、直辖市规定的标准。农村村民建住宅应符合乡、镇土地利用总体规划，并尽量使用原有的宅基地和村内空闲地。农村村民住宅用地，经乡、镇人民政府审核，由县级人民政府批准，但如果涉及占用农用地的，应依照《土地管理法》的有关规定办理审批手续。农村村民出卖、出租住房后，再申请宅基地的，不予批准。

【小贴士】

什么是小产权房

“小产权房”并不是一个法律上的概念，它只是人们在社会实践中形成的一种约定俗成的称谓。目前，通常所谓的“小产权房”，也称“乡产权房”，是指由乡镇政府而不是国家颁发产权证的房产。所以，“小产权”其实就是“乡产权”“集体产权”。它并不真正构成严格法律意义上的产权。说得再直白一些，“小产权房”是一些村集体组织或者开发商打着新农村建设等名义出售的、建筑在集体土地上的房屋或是由农民自行组织建造的“商品房”。

目前的“小产权房”有2种：一种是在集体建设用地上建成的，即“宅基地”上建成的房子，只属于该农村的集体所有者，外村农民根本不能够购买；另一种是在集体企业用地或者占用耕地违法建设的。和一般意义上的商品房相比，“小产权房”没有土地出让金概念，也没有开发商疯狂的利润攫取，所以，“小产权房”的价格，一般仅是同地区商品房价格的1/3甚至更低。“廉价”是大量城镇居民顶着产权风险购买“小产权房”的根本原因。

三、宅基地权利

宅基地使用权人对宅基地享有如下权利，并承担一定的义务。

（1）占有和使用宅基地。宅基地使用权人有权占有宅基地，并在宅基地上建造个人住宅以及与居住生活相关的附属设施。

（2）收益和处分。宅基地使用权人有权获得因使用宅基地而产生的收益，如在宅基地空闲处种植果树等经济作物而产生的收益。同时，宅基地使用权人有权依法转让房屋所有权，则该房屋占用范围内的宅基地使用权一并转让。

（3）宅基地因自然灾害等原因灭失的，宅基地使用权消灭。对没有宅基地的村民，应当重新分配宅基地。

（4）宅基地使用权人出卖、出租住房后，再申请宅基地的，土地管理部门将不再批准。并且，宅基地使用权的受让人只限于本集体经济组织的成员。

四、宅基地转让

（1）宅基地使用权不得单独转让，有下列转让情况，应认定无效：城镇居民购买；法人或其他组织购买；转让人未经集体组织批准；向集体组织成员以外的人转让；受让人已有住房，不符合宅基地分配条件。

（2）宅基地使用权的转让必须同时具备的条件：转让人拥有 2 处以上的农村住房（含宅基地）；同一集体经济组织内部成员转让；受让人没有住房和宅基地，符合宅基地使用权分配条件；转让行为征得集体组织同意；宅基地使用权不得单独转让，地随房一并转让。

以上为最高人民法院在司法实践的指导，详细问题可以查询本地的省级地方立法。

第四节　农村集体建设用地管理制度

一、农村集体建设用地概念

农村集体土地建设用地是指乡、镇村建设用地，乡、镇村建设用地是指乡、镇村集体经济组织和农村个人投资或集资，进行各项非农业建设所使用的土地。主要包括：乡、镇村公益事业用地和公共设施用地，以及农村居民住宅用地。

农村集体建设用地所有权归集体所有，农民只享有使用权。

农村集体建设用地使用权是指利用土地营造建筑物、构筑物和其他设施建设的权利。建设用地使用权分为国有土地建设用地使用权和集体土地建设用地使用权。

农村集体土地建设用地使用权是指农民集体和个人进行非农业生产建设依法使用集体所有的土地的权利。法律对集体土地建设用地使用权的主体有较为严格的限制，一般只能由本集体及其所属成员拥有使用权。

二、农村集体建设用地流转

农村集体建设用地流转指集体建设用地的使用权通过有偿、

有限期转让、出租等方式引起土地使用权属转移或实际使用人发生变更的行为，也就是易主、易位、易用3个方面。流转的标地不是所有的建设用地，而是农村集体土地中已经依法办理过使用手续的非农业建设用地和农业建设用地，不是农用地，也不包括业已使用且仍属非法使用的任何建设用地。

三、土地整理与土地复垦

土地整理是指在一定地域范围内，按照土地利用计划和土地利用的要求，采取行政、经济、法律和工程技术手段，调整土地利用和社会经济关系，改善土地利用结构，科学规划，合理布局，综合开发，增加可利用土地数量，提高土地的利用率和产出率，确保经济、社会、环境三大效率的良性循环。

土地复垦是指对在生产建设过程中，因挖损、塌陷、压占等原因造成的土地破坏，采取整治措施，使其恢复到可供利用状态的活动。其广义定义是指对被破坏或退化土地的再生利用及其生态系统恢复的综合性技术过程；狭义定义是专指对工矿业用地的再生利用和生态系统的恢复。

第五节　土地仲裁调解程序

土地权属纠纷是指有关土地所有权、使用权的争议。它包括2种情况：一种是依法取得的土地所有权或使用权受到侵害时引起的权属纠纷；另一种是对现有权属界线的争议。土地权属纠纷的调处一般按以下3个程序进行。

一、当事人协商解决

所谓协商解决是指土地纠纷发生以后，由当事人在自愿、互谅的基础上，按照有关法律规定，在不损害他人利益的前提下，直接进行磋商，自行解决纠纷的办法。协商解决后，当事人双方应当签署协议。该协议由当事人自愿执行，没有法律的约束力。如果当事人一方后悔，拒绝执行，另一方可以申请人民政府土地管理部门进行调处。

二、人民政府调处

依据《土地管理法》第十四条规定：土地所有权和使用权争议，由当事人协商解决；协商不成的，由人民政府处理。单位之间的争议，由县级以上人民政府处理；个人之间、个人与单位之间的争议，由乡级人民政府或县级以上人民政府处理。当事人对有关人民政府的处理不服的，可以自接到处理决定通知之日起三十日内，向人民法院起诉。在土地所有权和使用权争议解决以前，任何一方不得改变土地利用现状。

人民政府受理土地纠纷，一般采用行政调解和行政裁决 2 种方式调处。

（一）行政调解

调解是由第三者从中调停，促使当事人和解的一种方式。土地纠纷是土地管理部门进行调解，属于行政调解。它是根据《土地管理法》授权进行的，具有行政效力。

调解的程序：①受理纠纷当事人的申诉，土地纠纷当事人一方或双方，以口头、信访或书面报告形式，将纠纷的事实向人民政府提出申诉，并出示有关地权地界的证明文件；②地权纠纷的调查，土地管理部门根据当事人的申诉及地权地界的证明文件进行调查，查明争议地界的历史情况及文件（政府过去确定地权的文件、协议、图件及历史上使用情况等）以及发生纠纷的原因、过程、造成的危害和双方对纠纷处理的意见；③调解，土地管理部门依据政策、法规，根据调查结果，向当事人进行宣传、说服工作，使认识逐步趋向一致，使纠纷得到解决，调解时，既要坚持原则，又要具有一定灵活性，从实际出发，实事求是地解决问题；④签订调解协议书，调解成功后，当事人签订调解协议书。调解协议书应该包括：当事人姓名、地址，代表人和代理人姓名职务；纠纷的主要事实；协议内容和费用承担等项目。调解协议书要由当事人、调解员和书记员签字，并加盖主持调解机关的公章。调解协议书送达后，当事人均应当自觉执行。

（二）行政裁决

行政裁决是仲裁的一种形式，是有关机关以第三者的身份，依照法律对纠纷作出的公正的具有约束力的处理决定。裁决与调解的区别在于：调解必须在双方自愿的基础上进行，而裁决完全是第三者的行为。调解时，任何一方当事人不愿接受调解，就可立即终止调解，而当事人一旦申请裁决，则仲裁机构有权依据法律作出对当事人均有约束力的裁决。

裁决的程序：①当事人提出裁决申请，当土地纠纷调解不成时，当事人任何一方均可向被诉一方所在地的土地管理部门提出裁决申请，裁决申请采用书面形式；②调解，土地管理部门在做出裁决以前，要在纠纷当事人之间再次做出调解，调解不成的，即进行裁决；③裁决，裁决前应书面通知当事人和有关人员到场。土地管理部门依据法律和调查结果，本着保障合法权益，有利团结和保护土地资源的原则，作出决定。

裁决书要写明以下事项：申诉人和被申诉人姓名、地址，代理人和代表人姓名、职务；申诉理由、争议事实和要求；裁决认定的事实理由和适用的法律、法规等依据；裁决结果和裁决费用的承担；不服裁决时申请行政复议和向人民法院起诉的期限等。

三、行政复议或向人民法院起诉

当事人对有关人民政府下达的处理决定不服的，根据《行政复议条例》和《中华人民共和国行政诉讼法》的有关规定，可以在接到处理决定书之日起 15 日内向作出处理决定的上级人民政府国土资源行政主管部门申请行政复议，也可在接到处理决定书之日起 30 日内向人民法院起诉。

上一级土地管理部门应当在收到复议申请书之日起 2 个月内提出复议意见报人民政府作出复议决定。申请人不服行政复议决定的，可以在收到复议决定书之日起 15 日内到人民法院起诉。期满未申请复议也未起诉的，处理决定书即发生法律效力，并作为土地登记的依据。

当事人拒不履行发生法律效力的处理决定的，按照《中华人民共和国行政诉讼法》的有关规定，由受理案件的人民政府国土资源行政主管部门报请作出处理决定的人民政府提出《强制执行申请书》，送交有管辖权的人民法院，申请人民法院强制执行。

当事人根据协议、处理决定（裁决）或判决结果，向土地管理机关申请登记，换取新的土地证。

在土地争议解决前，土地管理机关有权确定临时处置办法，合理使用、保护有争议的土地，争议各方均须服从，不得荒废土地；不准破坏土地及其附着物；不得修建永久性建筑物；不得聚众闹事；不得强占土地。

第八章　乡村基础设施建设管理

第一节　乡村民居的建设管理

一、乡村住宅用地的规划

为乡村居民创造良好的居住环境是美丽乡村规划的目标之一。为此在乡村总体规划阶段，必须选择合适的用地，处理好与其他功能用地的关系，确定组织结构，配置相应的服务设施，同时注意环保，做好绿化规划，使乡村具有良好的生态环境。

乡村人居规划的理念应体现出人、自然、技术内涵的结合，强调乡村人居的主体性、社会性、生态性及现代性。

（一）乡村人居的规划设计

乡村居住建设工作要按“统一规划，统一设计，统一建设，统一配套，统一管理”的原则进行，改变传统的一家一户各自分散建造，为统一的社会化的综合开发的新型建设方式，并在改造原有居民单院独户的住宅基础上，建造多层住宅，提高住宅容积率和减少土地空置率，合理规划乡村的中心村和基层村，搞好退宅还耕扩大农业生产规模，防止土地分割零碎。乡村居住区的规划设计过程应因地制宜，结合地方特色和自然地理位置，注意保护文化遗产，尊重风土人情，重视生态环境，立足当前利益并兼顾长远利益，量力而行。

（1）中心村的建设。中心村的位置应靠近交通方便地带，要能方便连接城镇与基础村，起到纽带作用。中心村的住宅应从提高容积率和节约土地的角度考虑，提倡多层住宅，如多层乡村公寓。政府要统一领导农民设计建设，不再批土地给村民私人建造单家独院住宅，政府应把这项工作纳入自己的目标任务，加大力度规划和引导中心村的建设，逐步实现中心村住宅商品化。

（2）基层村的建设。基层村应与中心村有便捷的交通，其设置应以农林牧副渔等产业的直接生产来确定其结构布局。鉴于农业目前的生产关系，可将各零星的自然村集中调整成为一个新的“自然”行政村，尽量让一些有血缘关系或亲友关系或有共同语言的农民聚在一起，便于形成乡村规模经济。基层村的住宅要以生产生活为目的，最好考虑联排形式，可借鉴郊区的联排别墅建成多层农房，并进行功能分区，底层用作仓储，为生产活动做准备；其他层为生活居住区，这样将有利于生产生活并节约土地。

（3）零星村的迁移建设。在旧村庄的改建过程中，必须下大功夫让不符合规划的村庄和散居的农户分批迁移，逐步退宅还耕，加强新村的规划设计。在迁移过程中要考虑农民的经济能力，各地政府不要操之过急。对于确有困难的农民可以允许推迟或予以政策支持，同时要给迁移的村民予以一定的补偿。

（二）乡村居住用地的布置方式和组织

美丽乡村居住用地的布置一般有 2 种方式。

（1）集中布置。乡村的规模一般不大，在有足够的用地且用地范围内无人为或自然障碍时，常采用这种方式。集中布置方式可节约市政建设的投资，方便乡村各部分在空间上的联系。

（2）分散布置。若用地受到自然条件限制，或因工业、交通等设施分布的需要，或因农田保护的需要，则可采用居住用地分散布置的形式。这种形式多见于复杂地形、地区的乡村。

乡村由于人口规模较小，居住用地的组织结构层次不可能与城市那样分明。因此，乡村居住用地的组织原则是：服从乡村总体的功能结构和综合效益的要求，内部构成同时体现居住的效能和秩序；居住用地组织应结合道路系统的组织，考虑公共设施的配置与分布的经济合理性以及居民生活的方便性；符合乡村居民居住行为的特点和活动规律，兼顾乡村居住的生活方式；适应乡村行政管理系统的特点，满足不同类型居民的使用要求。

二、乡村住宅的主要类型

我国乡村住宅类型在不同的地区有着不同的形式。其中主要包括3类，即方形住宅、窑洞住宅和干栏式住宅。

（一）方形住宅

方形有长方形和正方形之分，这个是北方地区的一个特点，为了更好地接受阳光或者是避开北面袭来的寒流应将房屋的长向朝南，门和窗均设于朝南的一面。在住室的布局上，多将卧室布置在房屋的朝阳面，将储藏室、厨房布置在背阳的一面，再加上墙体围成一个方方正正的院落。

（二）窑洞住宅

这种类型多分布在山西和陕西一带，窑洞按其建造方式不同可分为3类：靠崖式窑洞、独立式窑洞和下沉式窑洞。窑洞顶也有多种拱券形状，大体上有平圆形、半圆形和尖圆形3种。这种类型的房屋冬天有一定的保暖性能，而且还可以在窑洞上侧种植。

（三）干栏式住宅

南方的湿润气候，由于这种气候环境，建筑一般都采用干栏式住宅，考虑到通风、采光、防潮、防兽的要求，多采用下部架空的干栏式房屋形式。干栏式住宅多为3层，大多平面呈灵活布置的形式，但也有少数住宅呈规整的矩形平面。底部高高的架空部分一般用木板围合，作为放置农具、杂物和圈养牲畜等；在山墙面的一侧，设有木制的直跑楼梯通向2层，这里主要是生活和起居的空间，其平面布置遵循前廊、中堂、后寝的格局模式。

三、乡村住宅的功能布局

根据乡村住宅类型多样、住宅人数偏多、住户结构复杂等特点，住宅设计重点应落在功能布局上。主要应注意以下几个方面。

（一）合理规划房间

根据常住户的规模，有一代户、两代户、三代户及四代户。一般两代户与三代户较多，人口多在3~6口。这样基本功能空间就要有门斗、起居室、餐厅、卧室、厨房、浴室、储藏室，并且还应有附加的杂屋、厕所、晒台等功能，而套型应为一户一套或一户两套。当为3~4口人时，应设2~3个卧室；当为4~6口人时，应设3~6个卧室。如果住户为从事工商业者，还可根据实际情况进行增加。

（二）确保生产与生活区分开

凡是对人居生活有影响的，均要拒之于住宅乃至住区以外，确保家居环境不受污染。

（三）做到内与外区分

由户内到户外，必须有一个更衣换鞋的户内外过渡空间；并且客厅、客房及客流路线应尽量避开家庭内部的生活领域。

（四）做到“公”与“私”的区分

在一个家庭住宅中，所谓“公”，就是全家人共同活动的空间，如客厅；所谓“私”，就是每个人的卧室。公私区分，就是公共活动的起居室、餐厅、过道等，应与每个人私密性强的卧室相分离。在这种情况下，基本上也就做到了“静”与“动”的区分。

（五）做到“洁”与“污”的区分

这种区分也就是基本功能与附加功能的区分。如做饭烹调、燃料农具、洗涤便溺、杂物储藏、禽舍畜圈等均应远离清洁区。

（六）做到生理分居

一般情况下，5 岁以上的儿童应与父母分寝；7 岁以上的异性儿童应分寝；10 岁以上的异性少儿应分室；16 岁以上的青少年应有自己的专用卧室。

第二节　乡村道路建设管理

一、乡村道路用地的规划

在规划美丽乡村对外交通公路时，通常是根据公路等级、乡村性质、乡村规模和客货流量等因素来确定或调整公路线路走向与布置。在美丽乡村中，常用的公路规划布置方式如下。

（1）把过境公路引至乡村外围，以切线的布置方式通过乡村边缘。这是改造原有乡村道路与过境公路矛盾经常采用的一种有效方法。

（2）将过境公路迁离村落，与村落保持一定的距离，公路与乡村的联系采用引进入村道路的方法布置。

（3）当乡村汇集多条过境公路时，可将各过境公路的汇集点从村区移往乡村边缘，采用过境公路绕过乡村边缘组成乡村外环道路的布置方式。

（4）过境公路从乡村功能分区之间通过，与乡村不直接接触，只是在一定的入口处与乡村道路相连接的布置方式。

（5）高速公路的定线布置可根据乡村的性质和规模、行驶车流量与乡村的关系，可规划为远离乡村或穿越乡村两种布置方式。若高速公路对本村的交通量影响不大，则最好远离该村布置，另建支路与该村联系；若必须穿越乡村，则穿入村区段路面应高出地面或修筑高架桥，做成全程立交和全程封闭的形式。

二、乡村道路的主要类型

根据乡村所辖地域范围内的道路按主要功能和使用特点，应划分为村内道路和农田道路。

（一）村内道路

村内道路是连接主要中心镇及乡村中各组成部分的联系网络，是道路系统的骨架和交通动脉。村内道路按国家的相关标准划分为主干道、干道、支路 3 个道路等级。

（二）农田道路

农田道路是连接村庄与农田，农田与农田之间的道路网络系统，主要应满足农民、农业生产机械进入农田从事农事活动，以及农产品的运输活动。

对农田道路进行规划时，主要分机耕道和生产路。在机耕道中，又分为干道和支道这 2 个级别。农田道路的红线宽度：机耕道的干道为 6~8 米，支道为 4~6 米；生产路为 2~4 米。车行道宽度在 3~5 米。

三、乡村道路系统的规划

乡村道路系统是以乡村现状、发展规划、交通流量为基础，并结合地形、地貌、环境保护，地面水的排除，各种工程管线等，因地制宜地规划布置。规划道路系统时，应使所有道路分工明确，主次清晰，以组成一个高效、合理的交通体系，并应符合下列要求。

（一）满足安全要求

为了防止行车事故的发生，汽车专用公路和一般公路中的二级、三级公路不宜从村的中心内部穿过；连接车站、码头、工厂、仓库等货运为主的道路，不应穿越村庄公共中心地段。农村内的建筑物距公路两侧不应小于 30 米；位于文化娱乐、商业服务等大型公共建筑前的路段，应规划人流集散场地、绿地和停车场。停车场面积按不同的交通工具进行划分确定。汽车或农用货车每个停车位宜为 25~30 米^2；电动车、摩托车每个停车位为 2.5~2.7 米^2；自行车每个停车位为 1.5~1.8 米^2。

（二）灵活运用地理条件，合理规划道路网走向

道路网规划指的是在交通规划基础上，对道路网的干、支道路的路线位置、技术等级、方案比较、投资效益和实现期限的测算等的系统规划工作。对于河网地区的道路宜平行或垂直于河道布局。跨越河道上的桥梁，则应满足通航净空的要求；山区乡村的主要道路宜平行等高线设置，并能满足山洪的泄流；在地形起伏较大的乡村，应视地面自然坡度大小，对道路的横断面组合作出经济合理的安排，并且主干道走向宜与等高线接近于平行布置；地形高差特大的地区，宜设置人、车分开的道路系统；为避免行人在"之"字形支路上盘旋行走，应在垂直等高线上修建人行梯道。

（三）科学规划道路网形式

在规划道路网时，道路网节点上相交的道路条数，不得超过 5 条；道路垂直相交的最小夹角不应小于 45°，道路网形式一般为方格网式、环形放射式、自由式和混合式 4 类。

四、乡村道路的交通设施

乡村交通设施指的是乡村道路设施和附属设施 2 部分。乡村道路设施的基本内容，主要包括路肩、路边石、边沟、绿化隔离带等；道路的附属设施包括有信号灯、交通标志牌、乡村公交车站等。这些设施的建设，就是为了保证乡村交通安全畅通和行人

的生命安全。

在规划、设计交通设施时，应注意这些设施功能的合理性、可靠性、实用性及美观性，有的还要考虑地方特色同当地的自然风景相结合。

设施的位置必须充分考虑各种车辆的交通特点和行车路线，避免对交通路线造成障碍。

在有旅游资源的乡村，步行景观道路的作用更为突出。设计步行景观道路，应处处体现人与自然的关系、路景与环境的关系，从材质到色彩都应很好地与当地环境融为一体。景观路面用材多选用不规则的卵石或花岗岩、吸水性的铺地砖铺就。这些材料不但能与自然风貌相结合，也有利于雨水的回渗，更方便行人观景的需要，而且还要考虑残疾人的无障碍通道。

第三节　生态乡村规划建设管理

一、乡村标识设置

乡村标识系统绝对不可忽视，特别是乡村旅游规划中，这必然是一个不可或缺的部分。出色的乡村标识不但是一种导向载体，而且是乡村形象的宣传者。

（一）标识系统的分类

标识系统是以标识设计为导向，综合解决信息传递、识别、辨别和形象传递等功能的整体解决方案。通常分为识别系统、方向系统、空间系统、说明系统、管理系统。

(1) 识别系统。以形象识别为目的，使人们识别出不同场所。

(2) 方向系统。通过箭头来表示方向，引导人们快速便捷地到达目的地。

（3）空间系统。以全面的指导为原则，通过地图来表示地点间的位置关系。与方向系统不同的是，空间系统是以整体告知环境的状况，通常会指出行人的所在位置和重要出入口的方向。

（4）说明系统。对环境进行陈述性的解释和说明。

（5）管理系统。规范人们言行举止和责任义务等，提醒人们法律条例和行为准则。

（二）标识系统的设计思路

（1）从自然环境导入。每个地区自然地貌的特征是具有地域性特点的，自然环境造就的特殊地理位置是独一无二的。乡村的建筑设计风格也随着自然因素有所改变而各有特点。利用自然环境的生存，标识设计更是应该适应当地的自然风情，与之相和谐。

（2）从历史积淀导入。每个乡村都有其独特的历史底蕴和文化特色，尊重地域性的传统风情是尊重每个乡村的特色。

（3）从地域文化导入。地域文化是独具地方特色的生活与风俗积累出来的，历史文化的传承是每个乡村发展过程中提炼的最优秀的品质，是人们对历史的凝练。

（4）从乡村色彩导入。标识设计中色彩的提炼是从乡村发展过程中呈现的多元素的色彩总结和归纳出来的，是乡村文化的载体。

（三）乡村符号设计

符号是由能指和所指构成，能指是具体的事物（符号形式），所指是心理上的概念（符号内容）。标识是由形式符号（能指）和意象符号（所指）构成。

符号学把符号分为3种：概念性、形象性、象征性。

（1）概念性符号。多用于美丽乡村中识别系统和空间系统，除与标准符号相符合以外，应设计一些特殊代表的简洁符号配合使用。

（2）形象性符号。通过具体形象的设计、表现来明确区域典型形象的特征。例如，在西双版纳街头排列的热带棕榈类植物，重复提示着该区域的热带特征。形象性符号多用于村标和纪念品、工艺品。

（3）象征性符号。象征符号往往都拥有深厚的文化背景，可以浓缩区域文化的形象精华，含义丰富。色彩的象征作用更为明显。象征性的符号主要用作标志、识别系统设计。

二、乡村环境控制

生活居住是乡村的基本功能之一，居住区是美丽乡村的重要组成部分，居住区的空间环境和总体形象不仅对居民的日常生活、心理和生理健康产生直接的影响，还在很大程度上反映了这个乡村的基本面貌。

对居住区环境的规划，不仅要满足住户的基本生活需求，还要着力创造优美的空间环境，为村民提供日常交往、休息、散步、健身等户外活动的生存需求、生理需求、安全需求、美的需求。对美丽乡村居住区环境进行优化，就是要充分重视居住区户外环境的优化，对宅旁绿地、小游园等开敞空间，儿童、青少年和老年人的活动场地，道路组织、路面和场铺装、建筑等进行精心组织，为村民创造高质量的生活居住空间环境和生态环境。

（一）大气环境控制

大气是人类生存不可缺少的基本物质。乡村大气污染的污染源主要有工业污染、生活污染、交通运输污染 3 类。控制大气污染，提高空气质量的主要措施是改变燃料结构，装置降尘和消烟环保设施，以减少污染，采用太阳能、沼气、天然气等洁净能源，增加绿地面积，强化监管措施，严格执行国家有关环境保护的规定。

（二）水环境控制

水是人类赖以生存的基本物质保证。水环境控制规划包括水资源综合利用和保护规划与水污染综合治理规划两方面内容。

依据乡村耗水量预测，分析水资源供需平衡情况，制订水资源综合开发利用与保护计划，在对地下水水源全面摸清储量的基础上，实现计划开采。对不同水源保护区，应加强管理，防止污染；对滨海乡村，应根据岸线自然生态特点，制定岸线与水域保护规划，严格控制陆源污染物的排放；制定水资源的合理分配方案和节约用水、回水利用的对策与措施；完善乡村给水与排水系统；对缺水地区探索雨水利用的新途径和新方法。

乡村水污染综合整治规划主要有：根据乡村发展计划，预测污水排放量；正确确定排水系统与污水处理方案，推广水循环利用技术，减少污水处理量；减少水土流失与污染源的产生；加强工业废水与生活污水等污染源的排放管制。

（三）固体废弃物的控制与处理

固体废弃物包括居住区的生活垃圾、建筑垃圾、工厂的废弃物、农作物秸秆及商业垃圾等，是乡村主要的污染源。固体废弃物的控制，首先要从源头上尽可能减少固体废弃物的产生。这就要积极发展绿色产业，提倡绿色消费，提高村民的环境保护意识，严格控制“白色污染”，发展可降解的商品；提高全民的文明程度，养成良好的卫生习惯，自觉维护环境的清洁；提高固体废弃物回收与综合利用，变废为宝，实现固体废弃物的资源化、商品化。

在乡村中，应结合街道的规划布局，设置垃圾箱，一方面可为村民提供方便的清理垃圾的工具；另一方面通过巧妙设计也能使其成为街道一景。

（四）修建公共厕所

在美丽乡村建设中，应把沿街道上的私家厕所进行搬迁入户，同时还要结合人居分布情况和环境要求修建公共厕所。在用水方便的地区可以采用水冲式，用水紧张的地区可为旱厕。在规划时，有旅游资源的乡村公厕间距，应在300米左右；一般街道的公厕间距为1 000米以下；居住区公厕间距在300~500米。

三、乡村防洪规划

靠近江、河、湖泊的乡村和城镇，生产和生活常受水位上涨、洪水暴发的威胁和影响，因此在规划设计美丽乡村和居民点选址时，应把乡村防洪作为一项规划内容。乡村防洪工程规划主要有如下内容。

（一）修筑防洪堤岸

根据拟定的防洪标准，应在常年洪水位以下的乡村用地范围的外围修筑防洪堤。防洪堤的标准断面，视乡村的具体情况而定。土堤占地较多，混凝土堤占地少，但工程费用较高。堤岸在迎河一面应加石块铺砌防浪护堤，背面可植草保护。在堤顶上加修防特大洪水的小堤。在通向江河的支流或沿支流修筑防洪堤，或设防洪闸门，在汛期时用水泵排除堤内侧积水，排涝泵进水口应在堤内侧最低处。

由于洪水与内涝往往是同时出现的，所以在筑堤的同时，还要解决排涝问题。支流也要建防洪设施。排水系统的出口如低于洪水水位时，应设防倒灌闸门，同时也要设排水泵站，也可以利用一些低洼地、池塘蓄水，降低内涝水位，以减少用水泵的排水量。

（二）整治湖塘洼地

乡村中的湖塘洼地对洪水的调节作用非常重要，所以应结合乡村总体规划，对一些湖塘洼地加以保留和利用。有些零星的湖塘洼地，可以结合排水规划加以连通，如能与河道连通，则蓄水的作用将更为加强。

（三）加固河岸

有的乡村用地高出常年洪水水位，一般不修筑防洪大堤，但应对河岸整治加固，防止被冲刷崩塌，以致影响沿河的乡村用地及建筑。河岸可以做成垂直、一级斜坡、二级斜坡，根据工程量大小做比较方案。

（四）修建截流沟和蓄洪水库

如果乡村用地靠近山坡，那么为了避免山洪泄入村中，增加乡村排水的负担，或淹没乡村中的局部地区，可以在乡村用地较高的一侧，顺应地势修建截洪沟，将上游的洪水引入其他河流，或在乡村用地下游方向排入乡村邻近的江河中。

（五）综合解决乡村防洪

应当与所在地区的河流的流域规划结合起来，与乡村用地的农田水利规划结合起来，统一解决。农田排水沟渠可以分散排放降水，从而减少洪水对乡村的威胁。大面积造林既有利于自然环境的保护，也能起到水土保持作用。防洪规划也应与航道规划相结合。

四、乡村消防规划

对美丽乡村进行总体规划时，必须同时制定乡村消防规划，以杜绝火灾隐患，减少火灾损失，确保人民生命财产的安全。

（一）消防给水规划

（1）消防用水量。消防用水量是保障扑救火灾时消防用水的保证条件，必须足量供给。

规划乡村居住区室外消防用水量时，应根据人口数量确定同一时间的火灾次数和一次灭火所需要的水量。此外，乡村室外消防用水量还必须包括乡村中的村民居住区、工厂、仓库和民用建筑的室外消防用水量。在冬季最低气温达到-10℃的乡村，如采用消防水池作为消防水源，则必须采取防冻措施，保证消防用水的可靠性。城镇中的工厂、仓库、堆场等设有独立的消防给水系统时，其同一时间内火灾次数和一次火灾消防用水量可分别计算。

在确定建筑物室外消防用水量时，应按其消防需水量最大的2座建筑物或一个消防分区计算。

（2）消防火栓的布置。乡村的住宅小区及工业区，其市政或室外消火栓的规划设置应符合下列要求。

消火栓应沿乡村道路两侧设置，并宜靠近十字路口。消火栓距道边不应超过2米，距建筑物外墙不应小于5米。油罐储罐区、液化石油气储罐区的消火栓，应设置在防火堤外；室外消火栓的间距不应超过120米；市政消火栓或室外消火栓，应有1个直径为150毫米或100毫米和2个直径65毫米的栓口。每个市政消火栓或室外消火栓的用水量应按10~15升/秒计算。室外地下式消火栓应有1个直径为100毫米的栓口，并应有明显的标志。

（3）管道的管径与流速。选择给水管道时，管径与流速成反比。如果流速较大，则所需管材就小些，如果采用较小流速，就需要用较大的管径。所以，在规划设计时，要通过比较，选择基建投资和设备运转费用最为经济合理的流速。一般情况下，0.1~0.4米的管径，经济流速为0.6~1.0米/秒；大于0.4米的管径，经济流速为1.0~1.4米/秒。

关于消防用水管道的流速，既要考虑经济问题，又要考虑安全供水问题。因为消防管道不是经常运转的，如果采用小流速大管径是不经济的，所以宜采用较大流速和较小管径。根据实践经验，铸铁管道消防流速不宜大于2.5米/秒；钢管的流速不宜大于3.0米/秒。

凡是新规划建设的居住区、工业区，给水管道的最小直径不应小于0.1米，最不利的市政消火栓的压力不应小于0.1~0.15兆帕，其流量不应小于15升/秒。

(4) 消防通道规划。乡村街区内的道路，应考虑消防车执行任务时的通路，当建筑的沿街部分长度超过150米或总长度超过200米时，均应设置穿越建筑物的消通道，并且还应设置消防车道的回车场地，回车场地的面积不小于12米^2。

设置消防车道的宽度，不应小于3.5米；道路上边如果有架空管线、天桥，则其净高不应小于4米。

(二) 居住区消防规划

居住区的消防规划是乡村中消防规划的重中之重，必须认真规划。

(1) 居住区总体布局中的防火规划。乡村居住区总体布局应根据乡村规划的要求进行合理布置，各种不同功能的建筑物群之间要有明确的功能分区。根据居住小区建筑物的性质和特点，各类建筑物之间应设必要的防火间距。

设在居住区内的煤气调压站、液化石油气瓶库等建筑也应与居住的房屋间留有一定的安全间距。

(2) 居住区消防给水规划。在居住区消防给水规划中，有高压消防给水管道的布置、临时高压消防给水管道布置、低压给水管道布置等。这些给水管道均能保证发生火灾时消防用水。但在乡村中，基本上采用生活、生产和消防合用一个给水系统，这种情况下，应按生产、生活用水量达到最大时，同时要保证满足距离水泵的最高、最远点消火栓或其消防设备的水压和水量要求。

小区内的室外消防给水管网应布置成环状，因为环状管网的水流四通八达，供水安全可靠。

在水源充足的小区，应充分利用河、湖、堰等作为消防水源。这些供消防车取水的天然水源和消防水池，应规划建设好消防车道或平坦空地，以利消防车装水和调头。

在水源不足的小区，必须增设水井，以弥补消防用水的不足。

（三）居住区消防道路规划

居住小区道路系统规划设计，要根据其功能分区、建筑布局、车流和人流的数量等因素确定，力求达到短捷畅通；道路走向、坡度、宽度、交叉等要依据自然地形和现状条件，按国家建筑设计防火规范的规定科学地设计。当建筑物的总长度超过220米时，应设置穿过建筑物的消防车道。消防车道下的管沟和暗沟应能承受大型消防车辆过往的压力。对居住区不能通行消防车的道路，要结合乡村改造，采取裁弯取直、扩宽延伸或开辟新路的办法，逐步改观道路网，使之符合消防道路的要求。

第四节　乡村水电工程建设管理

一、乡村电力工程规划建设管理

在乡村经济发展中，电力是基础之一，是不可缺少的资源，是乡村工农业生产、生活的主要动力和能源。这样就需要进行乡村输电与配电建设，就需要有规划和设计。

（一）电力工程规划的内容

乡村电力工程规划，必须根据每个乡村的特点和对乡村总体规划深度的要求来编制。电力工程规划一般由说明书和图纸组成，它的内容有分期负荷预测和电力平衡，包括对用电负荷的调查分析，分期预测乡村电力负荷及电量，确定乡村电源容量及供电量；乡村电源的选择；发电厂、变电所、配电所的位置、容量及数量的确定；电压等级的确定；电力负荷分布图的绘制：供电电源、变电所、配电所及高压线路的乡村电网平面图。

（二）电力网的敷设

电力网的敷设，按结构分有架空线路和地下电缆 2 类。不论采用哪类线路，敷设时应注意：线路走向力求短捷，并应兼顾运输便利；保证居民及建筑物安全和确保线路安全，应避开不良地形、地质和易受损坏的地区；通过林区或需要重点维护的地区和单位时，要按有关规定与有关部门协商处理；在布置线路时，应不分割乡村建设用地和尽量少占耕地不占良田，注意与其他管线之间的关系。

确定高压线路走向的原则：线路的走向应短捷，不得穿越乡村中心地区，线路路径应保证安全；线路走廊不应设在易被洪水淹没的地方和尽量远离空气污浊的地方，以免影响线路的绝缘，发生短路事故；尽量减少线路转弯次数；与电台、通信线保持一定的安全距离，60 千伏以上的输电线、高于 35 千伏的变电所与收信台天线尖端之间的距离为 2 千米；35 千伏以下送电线与收信台天线尖端之间的距离为 1 千米。

钢筋混凝土电杆规格及埋设深度一般在 1.2~2.0 米。当电杆高度为 7 米时，埋深 1.2 米；8 米长电杆时，埋深为 1.5 米；9 米长度时，埋深 1.6 米；10 米长度时，埋深 1.7 米，长度为 11 米、12 米、13 米时，其埋设深度分别为 1.8 米、1.9 米、2.0 米。

电杆根部与各种管道及沟边应保持 1.5 米的距离，与消火栓、储水池的距离等应大于2米。

直埋电缆（10千伏）的深度一般不小于0.7米，农田中不小于1米。直埋电缆线路的直线部分，若无永久性建筑时，应埋设标桩，并且在接头和转角处也应埋设标桩。直接埋入地下的电缆，埋入前需将沟底平夯实，电缆周围应填入100毫米厚的细土或黄土，土层上部要用定型的混凝土盖板盖好。

（三）变电所的选址

变电所的选址，决定着投资数量、效果、节约能源的作用和以后的发展空间，并且应考虑变压器运行中的电能损失，还要考虑工作人员的运行操作、养护维修方便等。所以，变电所选址应符合以下要求。

（1）便于各级电压线路的引入或引出。

（2）变电所用地尽量不占耕地或少占耕地，并要选择地质、地理条件适宜，不易发生塌陷、泥石流等地。

（3）交通运输方便，便于装运变压器等笨重设备。

（4）尽量避开易受污染、灰土或灰渣、爆破作业等危害的场所。

（5）要满足自然通风的要求。

二、乡村电信工程规划建设管理

乡村电信工程包括电信系统、广播和有线电视及宽带系统等。电信工程规划作为美丽乡村总体规划的组成部分，由当地电信、广播、有线电视和规划部门共同负责编制。

（一）通信线路布置

电信系统的通信线路可分为无线和有线2类，无线通信主要采用电磁波的形式传播，有线通信由电缆线路和光缆线路传输。通信电缆线路的布置原则如下。

（1）电缆线路应符合乡村远期发展总体规划，尽量使电缆线路与城市建设有关部门的规定相一致，使电缆线路长期安全稳定地使用。

（2）电缆线路应尽量短直，以节省线路工程造价，并应选择在比较永久性的道路上敷设。

（3）主干电缆线路的走向，应尽量和配线电缆的走向一致、互相衔接，应在用户密度大的地区通过，以便引上和分线供线。在电信部门进行电缆网路设计时，用户主干电缆应与局部中继电缆线路一并考虑，使线路网有机地结合，做到技术先进，经济合理。

（4）重要的主干电缆和中继电缆宜采用迂回路线，构成环形网络以保证通信安全。环形网络的构成，可以采取不同的线路。但在设计时，应根据具体条件和可能，在工程中一次形成；也允许另一线路网的整体性和系统性在以后的扩建工程中逐渐形成。

（5）对于扩建和改建工程，电缆线路的选定应首先考虑合理地利用原有线路设备，尽量减少不必要的拆移而使线路设备受损。如果原电缆线路不足时，宜增设新的电缆线路。

电缆线路的选择应注意线路布置的美观性。如在同一电缆线路上，应尽量避免敷设多条小对数电缆。

（6）注意线路的安全和隐蔽，应避开不良的地质环境地段，防止复杂的地下情况或有化学腐蚀性的土壤对线路的影响，防止地面塌陷、土体滑坡、水浸对线路的损坏。

（7）为便于线路的敷设和维护，应避开与有线广播和电力线的相互干扰，协调好与其他地上、地下管线的关系，以及保证与建筑物间的最小间距要求。

（8）应适当考虑未来可能的调整、扩建和割接的方便，留有必要的发展变化余地。

但在下列地段，通信电缆不宜穿越和敷设：今后预留发展用地或规划未定的地区；电缆长距离与其他地下管线平行敷设，且间距过近，或地下管线和设备复杂，经常有挖掘修理易使电缆受损的地区；有可能使电缆遭受到各种腐蚀或破坏的不良土质、不良地质、不良空气和不良水文条件的地区，或靠近易燃、易爆场所的地带；还有如果采用架空电缆，会严重影响乡村中主要公共建筑的立面美观或妨碍绿化的地段；可能建设或已建成的快车道、主要道路或高级道路的下面。

（二）广播电视系统规划

广播电视系统是语音广播和电视图像传播的总称，是现代乡村广泛使用的信息传播工具，对传播信息、丰富广大居民的精神文化生活起着十分重要的作用。广播电视系统分有线和无线 2 类。尽管无线广播已日益取代原来在乡村中占主导地位的有线广播，但为了提高收视质量。有线电视和数字电视正在现代城镇和乡村逐步普及，已成为乡村居民获得高质量电视信号的主要途径。

有线电视与有线电话同属弱电系统，其线路布置的原则和要求与电信线路基本相同，所以在规划时，可参考电信线路的设置与布局。

此外，随着计算机互联网的迅猛发展，网络给当代社会和经济生活带来巨大的变化。虽然目前计算机网络在乡村尚不普及，但随着网络技术和宽带网络设施的不断完善，计算机网络在乡村各行各业和日常生活中的应用将日新月异。这就要求在编制乡村电信规划时，应对网络的发展给予足够重视并留有充分的空间余地。

三、乡村给水系统规划建设管理

（一）乡村水源选择和用地要求

为了保障人民生命财产安全和消防用水，并满足人们对水量和水质水压的要求，就必须对之进行科学规划。给水水源可分为地下水和地表水2类。地下水有深层、浅层2种。一般来说，地下水由于经过地层过滤和受地面气候因素的影响较小，因此具有水清、无色、水温变化幅度小、不易受污染等优点。

水源选择的首要条件是水量和水质。当有多个水源可供选择时，应通过技术经济比较综合考虑，并符合如下原则。

1. 水源的水量必须充沛

天然河流的取水量应不大于河流枯水期的可取水量；地下水源的取水量应大于可开采储量。同时还应考虑到工业用水和农业用水之间可能发生的矛盾。

2. 水源应为较好水质

水质良好的水源有利于提高供水质量，可以简化水处理工艺。减少基建投资和降低供水成本。符合卫生要求的地下水，应优先作为生活饮用水源，按照开采和卫生条件，选择地下水源时，通常按泉水、承压水、潜水的顺序。

3. 布局紧凑

地形较好、村庄密集的地区，应尽可能选择一个或几个水源，实施区域集中供水，这样既便于统一管理，又能为选择理想的水源创造条件。如乡村的地形复杂、布局分散则应实事求是地采取分区供水或分区与集中供水相结合的形式。

4. 综合考虑、统筹安排

要考虑施工、运转、管理、维修的安全经济问题；并且还应考虑当地的水文地质、工程地质、地形、环境污染等问题。

坚持开源节流的方针，统筹雨水资源利用的总体规划，协调与其他部门的关系。要全面考虑、统筹安排，做到合理化综合利用各种水源。

（二）水厂的平面布置与用地

1. 水厂的平面布置

水厂的平面布置应符合“流程合理、管理方便、因地制宜、布局紧凑”原则。采用地下水的水厂，因生产构筑物少，平面布置较为简单。采用地表水的水厂通常由生产区、辅助生产区、管理区、其他设施所组成。水厂中绿化面积不宜小于水厂总面积的20%。进行水厂平面布置时，最先考虑生产区的各项构筑物的流程安排，所以工艺流程的布置是水厂平面布置的前提。

水厂工艺流程布置的类型主要有下列3种。

（1）直线型。它的特点是从进水到出水整个流程呈直线状。这样，生产联络管线短，管理方便，有利于扩建，特别适用于大、中型水厂。

（2）折角型。当进出水管的走向受到地形条件限制时，可采用此种布置类型。其转折点一般选在清水池或吸水井处，使澄清池与过滤池靠近，便于管理，但应注意扩建时的衔接问题。

（3）回转型。这类型式适用于进出水管在同一方向的水厂，此种布置类型常在山区小水厂中应用，但近期、远期结合较困难。

2. 水厂的用地面积

乡村水厂一般采用压力供水的方式，所以占地面积较小。但在规划水厂用地面积时，应根据水厂规模、生产工艺来确定。

（三）给水工程管网规划布置

当完成了乡村水源选择、用水量的估算和水厂选址任务后，美丽乡村给水工程规划的主要任务就是进行输配水工程的管网布置，保证将足量的、净化后的水输送和分配到各用水点，并满足水压和水质的要求。

1. 给水管网布置的基本要求

（1）应符合乡村总体规划的要求，并考虑供水的分期发展，留有充分的余地。

（2）管网应布置在整个给水区域内，在技术上要保证用户有足够的水量和水压。

（3）不仅要保证日常供水的正常运行，而且当局部管网发生故障时，也要保证不中断供水。

（4）管线布置时应规划为短捷线路，保证管网建设经济，供水便捷，施工方便。

（5）为保证供水的安全，铺设由水源到水厂或由水厂到配水管的输水管道不宜少于两条。

2. 给水管网的布置

给水管网布置的基本形式有树枝状和环状 2 类。

（1）树枝状管网形式。干管与支管的布置犹如树干与树枝的关系。这种管网的布置，管径随所供水用户的减少而逐渐变小。其主要优点是管道总长度较短、投资少、构造简单。树枝状管网适用于地形狭长、用水量不大、用户分散以及供水安全要求不高的小村庄，或在建设初期先形成树枝状管网，以后逐步发展成环状，从而减少一次性投资。

（2）环状管网形式。这种布置形式是指供水干管间用联络管互相连通、形成许多闭合的干管环。环状管网中每条干管都可以有两个方向的来水，从而保证供水可靠；同时，也降低了管网中的水头损失，有利于减小管径、节约动力。但环状管网管线长，投资较大。

在美丽乡村的规划建设中，为了充分发挥给水管网的输配水能力，达到既安全可靠又经济适用的目的，可采用树枝状与环状相结合的管网形式，对主要供水区域采用环状，对距离较远或要求不高的末端区域采用树枝状，由此实现供水安全与经济的有机统一。

四、乡村排水系统规划建设管理

（一）乡村排水系统的系统

对生活污水、工业废水、降水采取的排除方式，称为排水体制。一般情况下可分为分流制和合流制 2 种系统。

1. 分流制排水系统

当生活污水、工业废水、降水用 2 个或 2 个以上的排水管渠系统来汇集和输送时，称为分流制排水系统。其中，汇集生活污水和工业废水的系统称为污水排除系统；汇集和排泄降水的系统称为雨水排除系统。只排除工业废水的称工业废水排除系统。分流制排水系统又分为下列 2 种。

（1）完全分流制。分别设置污水和雨水 2 个管渠系统，前者用于汇集生活污水和部分工业生产污水，并输送到污水处理厂，经处理后再排放，后者汇集雨水和部分工业生产废水，就近直接排入水体。

（2）不完全分流制。乡村中只有污水管道系统而没有雨水管渠系统，雨水沿着地面，于道路边沟和明渠泄入天然水体。这种体制只有在地形条件有利时采用。

对于地势平坦、多雨易造成积水地区，不宜采用不完全分流制。

2. 合流制排水系统

将生活污水、工业废水和降水用一个管渠汇集输送的称为合流制排水系统。根据污水、废水和降水混合汇集后的处置方式不同，可分为3种不同情况。

(1) 直泄式合流制。管渠系统布置就近坡向水体，分若干排出口，混合的污水不经处理直接泄入水体。我国许多村庄的排水方式大多是这种排放系统。此种形式极易造成水体和环境污染。

(2) 全处理合流制。生活污水、工业废水和降水混合汇集后，全部输送到污水处理厂处理后排出。这对防止水体污染，保障环境卫生最为理想，但需要主干管的尺寸很大，污水处理厂的容量也得增加很大，基建费用提高，在投资上很不经济。

(3) 截流式合流制。这种系统是在街道管渠中合流的生活污水、工业废水和降水一起排向沿河的截流干管，晴天时全部输送到污水处理厂处理；雨天时当雨量增大，雨水和生活污水、工业废水的混合水量超过一定数量时，其超出部分通过溢流井排入水体。这种系统目前采用较广。

(二) 污水管道的平面形式

在进行美丽乡村污水管道的规划设计时，先要在村庄总平面图上进行管道系统平面布置，有的也称为排水管定线。它的主要内容有确定排水区界、划分排水流域，选择污水处理厂和出水口的位置，拟定污水干管及主干管的路线和设置泵站的位置等。

污水管道平面布置，一般先确定主干管、再定干管、最后定支管的顺序进行。在总体规划中，只决定主干管、干管的走向与平面位置。在详细规划中，还要决定污水支管的走向及位置。

1. 主干管的布置

排水管网的布置形式与地形、竖向规划、污水处理厂位置、土壤条件、河流情况以及其他管线的布置因素有关。按地形情况，排水管网可分为平行式和正交式。

(1) 平行式布置的特点是污水干管与地形等高线平行，而主干管与地形等高线正交。在地形坡度较大的乡村采用平行式布置排水管网时，可减少主管道的埋深，改善管道的水力条件，避免采用过多跌水井。

（2）正交式通常布置在地势向水体略有倾斜的地区，干管与等高线正交，而主干管（截留管）铺设于排水区域的最低处，与地形等高线平行。这种布置形式可以减少干管的埋深，适用在地形比较平坦的村庄，既便于干管的自接流入，又可减少截留管的埋设坡度。

除了平行式与正交式布置形式外，在地势高差较大的乡村，当污水不能靠重力汇集到同一条主干管时，可采用分区式布置，即在高低地区分别铺设独立的排水管网；在用地分散、地势平坦的乡村，为避免排水管道埋设过深，可采用分散式布置，即各分区有独立的管网和污水处理厂，自成系统。

2. 支管的布置

污水支管的布置形式主要决定于乡村地形和建筑规划，一般布置成低边式、穿坊式和围坊式。

低边式支管布置在街坊地形较低的一边，管线布置较短，适用于街坊狭长或地形倾斜时。这种布置在乡村规划中应用较多。

穿坊式污水支管的布置是污水支管穿越街坊，而街坊四周不设污水管，其管线较短、工程造价低，就是管道维护管理有困难，适用于街坊内部建筑规划已确定或街坊内部管道自成体系时。

围坊式支管沿街坊四周布置，这种布置形式多用于地势平坦且面积较大的大型街坊。

（三）污水处理厂位置规划

污水处理厂的作用是对生产或生活污水进行处理，以达到规定的排放标准，使之无害于乡村环境。污水处理厂应布置在乡村排水系统下游方向的尽端。乡村污水处理厂的位置应在乡村总体规划和乡村排水系统布置时决定。

选择厂址时应遵循以下原则。

(1) 为保证环境卫生要求，污水处理厂应与规划居住区、公共建筑群保持一定的卫生防护距离，一般不小于300米。并必须位于集中给水水源的下游及夏季主导风向的下方。

(2) 污水处理厂应设在地势较低处，便于乡村污水自流入处理厂内。选址时应尽量靠近河道和使用再生水的主要用户，以便于污水处理后的排出与回用。

(3) 厂址尽可能少占或不占农田，但宜在地质条件较好的地段，便于施工、降低造价。

(4) 污水处理厂用地应有良好的地质条件，满足建造构筑物的要求；靠近水体的处理厂应不受洪水的威胁，厂址标高应在20年一遇洪水水位以上。

(5) 全面考虑乡村近期远期的发展前程，并对后期扩建留有一定的余地。

(6) 结合各乡村的经济条件，如果当前不能建设污水处理厂，则各农户也可以单户或联户采用地埋式污水处理设备处理污水。

第五节 乡村公共体育设施建设管理

一、乡村公共体育设施

乡村公共体育基础设施分为镇（街道）级公共体育设施（全民健身中心、多功能运动场、健身公园、室内健身设施等）、行政村（社区）级公共体育设施（体育活动室、多功能运动场和健身公园、室内健身设施等）和自然村（居住小区）级公共体育设施（健身广场、室外乒乓球台、健身路径等）。

二、乡村公共体育基础设施的要求

新购的室外健身路径要符合安全通用要求，所购器材须经过国家质量体系认证合格的产品，安装时要符合标准，逐一验收合格后，才能交付使用。

对使用不符合国家相关标准的体育器材、设施设备或未建立健全室外公共体育基础设施管理制度的管理单位，由体育行政主管部门责令限期改正。

场地设施标准，依据所在省市公共体育设施的基本标准执行，如下以江苏省为例。

(1) 镇（街道）级公共体育设施主要包括全民健身中心、多功能运动场、健身公园等，基本配置应符合如下要求。

全民健身中心建筑面积应不小于1 000 米^2，能开展多项群众体育健身运动，基本配置要求为以室内场地为主，体育项目应不少于5项，宜配置健身室、乒乓球室、棋牌室或其他健身活动室以及鼓励配置小型足球场、游泳池、老年和儿童活动场地及武术、舞狮等传统项目场地；多功能运动场体育场地面积应不小于2 000 米^2，能开展多项群众体育健身运动，配置1个标准灯光篮球场或不小于标准灯光篮球场面积的其他运动项目场地、2张室外乒乓球台、2条10件套的健身路径；健身公园体育项目应不少于8项，以户外设施为主，宜配置乒乓球、篮球、排球、健身路径、健身步道等健身设施，以及供居民集体锻炼的场地，如跳舞、打太极等功能性场地。

鼓励依托现有或新建体育设施建设老年人体育活动中心、青少年体育活动中心、残疾人体育活动中心以及体育服务综合体。

(2) 行政村（社区）级公共体育设施主要包括体育活动室、多功能运动场和健身公园等，基本配置应符合如下要求。

体育活动室建筑面积应不小于 100 米^2，能开展多项群众体育健身运动，宜配置乒乓球室、棋牌室或其他健身活动室等；多功能运动场体育场地面积应不小于 1 000 米^2，能开展多项群众体育健身运动，应配置 1 个标准灯光篮球场或不小于标准灯光篮球场面积的其他运动项目场地、2 张室外乒乓球台、1 条 10 件套的健身路径；健身公园体育项目应不少于 5 项，以户外设施为主，宜配置乒乓球、篮球、排球、健身路径、健身步道等健身设施，以及供居民集体锻炼的场地，如跳舞、打太极等功能性场地。

鼓励依托现有或新建体育设施建设青少年体育辅导站。

(3) 自然村（居住小区）级公共体育设施主要包括健身广场、室外乒乓球台、健身路径等，基本配置应符合如下要求。

健身广场场地面积应不小于 150 米^2，能开展多项群众体育健身运动，宜配置供居民运动的健身器材、篮球场、羽毛球场、轮滑场等，运动场地数量应不少于 2 个；室外乒乓球台场地面积 40~85 米^2，能开展乒乓球或其他球类健身活动，宜配置 1~2 张室外乒乓球台；健身路径应配置 5 件以上健身器材，满足不同人群的需要，对身体部位有针对性，同时也应注重趣味性。

根据经济水平和建设条件，鼓励建设笼式球类运动场，可为非标准场地。

三、乡村公共体育基础设施的管护

镇（街道）、行政村（社区）和自然村（居住小区）级公共体育基础设施及配套设施的建设、使用、管理、维护应当坚持服务群众、因地制宜、建管并举、保障安全的原则，组织人员相应培训，管护列入年度考评。

在日常管护中，明确责任、全面排查，摸清乡村室内外体育健身器材底数、使用管理情况，建立详细的台账资料。加大室内外体育健身器材常态化的巡检巡查频度和力度，强化管理维护工作，并将此专项经费纳入年度计划。

镇（街道）、行政村（社区）和自然村（居住小区）级公共体育基础设施管理单位应在健身区域设置告示牌，告知健身人员注意事项、报修电话等内容；对因使用不当可能造成人身伤害的室外公共体育设施及相关设施，必须设置警示标志。

镇（街道）、行政村（社区）和自然村（居住小区）级室内外公共体育基础设施应当免费开放，需要消耗水、电、气或者器材有损耗的，可以适当收费，但不得以营利为目的。

任何组织和个人不得擅自改变室内外公共体育基础设施用途。确需改变用途的按相关规定执行。

新建、扩建住宅区未按照规划要求建设室内外公共体育基础设施的，由有关主管部门责令限期补建，并依照有关法律、法规的规定予以处罚。

发生侵占、破坏室内外公共体育基础设施的，由体育行政主管部门责令限期改正，造成损失的，依法承担民事责任；构成违反治安管理行为的，由公安机关依法给予治安处罚；构成犯罪的，依法追究刑事责任。

在维护更新方面，要建立室内外乡村公共体育健身器材管理、维护、监督的长效机制，履行主体责任，无论是体育部门捐赠的、还是自购安装的，体育部门都有义务承担指导和监督的责任；对出现放任不管，造成不良后果的，将严肃问责处理。对超过质保期的室外健身路径，因合并村庄原先所安装的室外健身路径无人锻炼使用的，原则上一律拆除或移迁。

第九章 乡村环境管理

第一节 乡村环境管理概述

一、乡村人居环境概念

人居环境是指人类聚居生活的地方，人类利用自然改造自然的主要场所，是人类在大自然中赖以生存的基础。人居环境包括城镇人居环境和乡村人居环境，并拟定其领域有居住系统、支持系统、人类系统、社会系统和自然系统五大系统，而支持系统是当前应大力推动以改进乡村居民生活水平的主要方面，包括村庄道路、污水与垃圾的处理等。

乡村人居环境是人居环境在乡村区域的延伸。乡村人居环境既包括气候条件、自然资源、区位特征的生态环境和不同经济发展水平创造的宏观经济环境，也包括住宅、基础设施等硬环境，以及信息交流等软环境，反映出乡村的地理空间、生活状况和社会之间的关系，是一个相互依存和相互影响的有机整体。其规划对于乡村经济、环境、社会协调发展以及区域协调发展具有重要意义。

乡村环境和乡村人居环境既紧密联系又有一定区别。乡村环境包括乡村生产生活的整体环境，乡村人居环境则主要指与农民生活相关的部分居住环境。本书中乡村人居环境不涉及与农业生产相关的问题，主要包括与乡村生活联系较大的生活垃圾处理、污水处理、村容村貌等内容，其范围包括以村民居住为中心的自然环境和人为环境，它是村民基本生活和发展的前提因素，是村民与环境依赖的关系。

二、乡村人居环境存在的问题

（一）居住条件现状

1. 住房问题

乡村地区因缺乏科学合理的规划，村民建房选址随意，房屋布局较为零乱，房屋风格多样。同时，乡村占用、滥用土地问题严重，影响道路布局，对村庄日常的交通影响也较大。部分村民为方便自己，将自家住宅修建于主要道路两侧，村庄的布局形式由此受制，形成长条形的布局模式。

2. 生活用水

饮用水是村民生活不可缺少的一部分。目前，我国乡村的生活用水质量主要是受 2 个方面影响，一是取水源的水质影响，二是现有水厂设备设施对生活用水的影响。

在生活用水处理方面，村民将污水不经处理直接就近排放，形成臭水沟或废水沟，影响了乡村村容村貌，降低了乡村人居环境品质。

3. 乡村厕所

乡村厕所并没有随着乡村经济的发展和物质生活水平的提高而得到改善，这对于乡村人居环境整治有一定的影响。在条件较差的乡村地区，村民直接挖坑当作厕所使用，俗称“旱厕”，同时将其作为灌溉肥料的储存所。

4. 家畜与住宅关系

乡村住宅与家畜多混杂一起，很多农民常将鸡舍等设置于住宅内或者不远处，猪舍、牛舍等也离住宅不远，其产生的粪便等污染也成为主要的污染源，影响村民身体健康和人居环境建设。

（二）基础设施现状

1. 道路交通现状

目前，我国许多乡村的道路交通建设情况较差，与城镇联系不便，村民得到的信息也相对滞后。

2. 公共文化设施现状

乡村的公共文化设施建设欠缺，教育水平低下，村民对于文化生活的要求也不高，因此，文化、体育、娱乐等设施普遍不足。

3. 电力通信现状

我国乡村地区供电水平虽较以往得到提升，但还是因为供电设施布点不足、不合理的低压网络配置及供电半径过大等问题，不能满足乡村的用电需求。通信方面，乡村的固定电话和手机的使用随着经济的发展和社会的进步，用量也大增，但村内留守人员，特别是老人使用较少。同时，通信基础设施水平低，乡村地区网络信号覆盖较差等原因，使村民与外界信息交流机会受到限制。

4. 消防设施现状

从我国乡村目前的消防设施建设情况来看，绝大部分乡村都未设置消防设施。

5. 绿化现状

村庄道路两旁基本无绿化，植物种植杂乱，缺乏层次；村民的庭院绿化被农作物代替，无合理规划等，都影响了人居环境质量。

（三）生态环境现状

乡村虽有丰富的自然资源，但是却没有得到合理的保护。反而一些“白色污染”成了威胁。条件较差的乡村地区，没有垃圾收集站，浪费了乡村可回收资源，环境受到污染，人居环境下降，违背“村美”的观念。

乡村居民为提高农作物产量，往往会在生产种植过程中使用化学农药，虽然农药可以减少病虫害，但是却对生态环境和土地造成了巨大的影响，如土质恶化、土壤肥力下降、空气污染、水质污染等。

三、乡村人居环境整治的背景

乡村振兴描绘出一幅“产业兴旺、生态宜居、乡风文明、治理有效、生活富裕”的美好蓝图，与党的十六届五中全会提出的“社会主义新农村建设”是一脉相承的，是对社会主义新农村建设的进一步升华和提升，是新形势下全面建成小康社会的新要求和新愿景。

实施乡村振兴，生态宜居是关键。党的十九大报告指出，我国社会的主要矛盾已经转化为人民日益增长的美好生活需要和不平衡不充分的发展之间的矛盾。这种不平衡和不充分最突出的体现是在乡村，特别是在乡村人居生态环境上，需要通过加强乡村人居环境整治来补齐乡村振兴的短板。

当前，乡村人居环境脏乱差问题仍比较突出，垃圾围村、垃圾成山、乡村水污染和黑臭水体频现，各类废弃物“上山下乡”等问题凸显，与人民对美好生活的愿望和全面建成小康社会仍有较大差距，乡村环境污染问题仍然是制约乡村振兴的突出瓶颈。随着经济水平提升，城镇化提速，城镇人口增多，乡村地区总人口减少，但乡村地区经济发展、条件改善、人均可支配收入日益攀升，产生的垃圾越来越多，已经成为农业、农村、农民可持续发展的一大阻碍。根据国家统计局最新发布的数据，截至2018年末，乡村常住人口为5.64亿。调查显示，农村每天每人生活垃圾产生量约为0.86千克，按照当前的农民地区人数，可以得出农村地区每年的生活垃圾产生量约1.77亿吨。更严重的是，由于农村缺乏专门的人员、经费进行垃圾管理，乡村生活垃圾处理工作几乎一片空白。以全国58.8万个行政村来看，实行生活垃圾处理的仅有21.8万个。大量的厨余垃圾、废弃包装物、废玻璃瓶、废弃农药化肥包装物、废旧衣服鞋帽以及人畜粪便，堆存在田间地头或随意丢弃到沟渠、大坑、河道中，占用大量农田，严重污染了农村土壤和地下水。乡村环境问题陷入了垃圾靠风刮、污水靠蒸发的尴尬境地，垃圾围村、农村水污染现象愈发严重。为此，在国家大力实施乡村振兴战略的过程中，乡村突出的人居环境问题已成为社会极为关切的热点、焦点和难点问题。

四、乡村人居环境整治的时代价值

乡村人居环境整治的意义不仅在于改善乡村人居环境本身，更在于其重要的时代价值，这种时代价值突出表现在如下几个方面。

（一）乡村人居环境整治是实现全面建成小康社会战略目标的根本要求

全面建成小康社会是我们党向人民、向历史作出的庄严承诺。“全面”具有丰富的含义，包括了经济、社会、生态等各个层面及要素，而且涵盖了发展的平衡性、协调性、可持续性。乡村既是全面建成小康社会的难点所在，也是重点所在。广大乡村的全面小康自然包括了为乡村居民健康提供保障的良好人居环境。

（二）乡村人居环境整治是破解新时代社会主要矛盾的有效途径

中国特色社会主义进入新时代，我国社会主要矛盾已经转化为人民日益增长的美好生活需要和不平衡不充分的发展之间的矛盾。对广大乡村而言，随着乡村居民收入的持续增加，干净的乡村人居环境与良好的生态环境、洁净的饮用水、安全的食品等逐渐成为乡村居民日益增长的美好生活需要的重要内容，而且这种需要会变得日益迫切。从这个意义上来讲，乡村人居环境整治是破解新时代社会主要矛盾的一个有效途径。

（三）乡村人居环境整治是实施乡村振兴战略的重要组成部分

党的十九大报告提出实施乡村振兴战略，坚持农业农村优先发展，按照产业兴旺、生态宜居、乡风文明、治理有效、生活富裕的总要求，建立健全城乡融合发展体制机制和政策体系，加快推进农业农村现代化。“产业振兴、人才振兴、文化振兴、生态振兴、组织振兴”是对实施乡村振兴战略目标和路径的明确指示。乡村人居环境整治是实施乡村振兴战略，实现乡村生态振兴的重要组成部分。

（四）乡村人居环境整治是建设生态宜居美丽乡村的重要内容

在美丽乡村建设过程中，人们较多地感受到美丽乡村建设的一种外在性，急迫等待在绿色发展理念指导下，提升美丽乡村建设水平，推动美丽乡村走向健康乡村。乡村人居环境整治通过对生活污水、生活垃圾的处理以及“厕所革命”，可以有效地改善乡村居民生活环境，提升生活质量。因此，乡村人居环境整治是实现生态宜居的有效抓手，也是建设生态宜居美丽乡村的重要内容。

第二节　乡村生活垃圾整治

一、农村生活垃圾的概念和特点

农村生活垃圾是指生活在乡、镇（城关镇除外）、村、屯的农村居民在日常生活中或日常生活提供服务的活动中产生的固体废物，以及法律、行政法规规定视为生活垃圾的固体废物。按照《中华人民共和国固体废物污染环境防治法》的规定，固体废物是指人类在生产建设、日常生活和其他活动中产生的污染环境的固态、半固态废弃物质。

我国广大农村地区生活垃圾的产生受自然、社会、经济以及其他因素的影响，其分布呈现出极为分散、不易收集的特点。

二、农村生活垃圾的来源和去向

农村生活垃圾来源主要有餐饮、日常用品消费产生的包装和残余物，淘汰的生活用品和农业生产所产生的废弃物。

目前我国农村生活垃圾的主要去向有 2 种：一是混合收集、统一清运、集中处理；二是简单转移填埋、临时堆放焚烧和随意倾倒。

三、农村生活垃圾的危害

目前我国农村生活垃圾主要倾倒地点是“六边”：路边、河边、村边、田边、塘边、屋边，严重破坏了农村的生态环境，危害了广大村民的身体健康。

（一）对水体的危害

农村生活垃圾对水体的污染包括直接污染和间接污染，生活垃圾经雨水冲刷后，可溶解出有害成分，污染水质、毒害生物、破坏农村生态环境。

（二）对土壤的危害

农村生活垃圾露天堆放，不仅会占用土地资源，有毒垃圾还会通过食物链影响人体健康。另外垃圾渗出液还会改变土壤成分和结构，使土壤的保肥、保水能力大大下降，被严重污染的土壤甚至无法耕种。

（三）对大气的危害

农村生活垃圾在运输和堆放过程中会产生恶臭，向大气中释放出大量的氨和硫化物等污染物，加重农村大气环境的温室效应。而且生活垃圾在焚烧过程中会产生大量的有害气体和粉尘，不但会导致空气能见度降低，还会影响人体健康。

（四）对人体的危害

农村生活垃圾若处理不当，会引起呼吸道疾病，降低人体免疫力，传播疾病，引起急性或慢性中毒，甚至诱发癌症。

四、农村生活垃圾的收集

我国农村生活垃圾收集方式主要分为混合收集和分类收集。但在部分经济一般或不发达的农村地区，由于乡镇政府和村民委员会无力负担高额的环卫设施建设和清运处理费用，仍处于粗放的无序管理状态。

（一）收集方式

农村生活垃圾收集方式可分为定时收集和不定时收集，我国目前采用的是不定时收集。

（二）收集设施

收集设施主要有垃圾坑（堆）、垃圾收集容器（垃圾桶、垃圾箱、垃圾池、垃圾房）、垃圾收集车（手推车、人力三轮车、机动三轮车等)。

(三) 收集点比例

近年来，我国农村生活垃圾收集处理初见成效，但农村生活垃圾处理存在区域差距大、处理标准不统一的状况。截至2016年，东部地区有生活垃圾收集点的行政村比例达82%，对生活垃圾进行处理的行政村比例达68%；中部、北部地区有生活垃圾收集点的行政村比例超过50%；西部地区农村生活垃圾的收集和处理工作均相对滞后。

五、农村生活垃圾的运输和转运

(一) 运输和转运主要设施

生活垃圾运输和转运的主要设施有垃圾运输车（包括改装汽车、垃圾收集车）和垃圾中转站（包括非压缩式转运和压缩式转运)。

非压缩式转运避免垃圾收集及转运站产生大量的渗滤液，但不能实现垃圾转运前的减容，不便于运输；而压缩式转运减少了垃圾中的水分，实现了垃圾的减容，便于运输，但压缩过程产生的渗滤液需进行达标排放处理。

(二) 生活垃圾运输和转运存在的问题

生活垃圾运输和转运主要存在以下问题：生活垃圾随意投放；收运设备匮乏，建设标准低；收集和转运设施规划不合理；收运设备设计不合理；收运模式尚需探索；缺乏长效运行机制。

(三) 生活垃圾运输和转运的影响因素

生活垃圾收运方式的主要影响因素包括垃圾收集密度、收运经济性、环境影响、处置设施选址和农村居民意愿。

六、农村生活垃圾处理技术

（一）卫生填埋技术

卫生填埋是指利用工程手段，采取有效技术措施，防止渗滤液及有害气体对水体和大气的污染，并将垃圾压实减容至最小，且在每天操作结束或每隔一定时间用覆盖材料覆盖，使整个过程对公共卫生安全及环境均无危害的一种填埋处理方法。

（二）垃圾焚烧技术

焚烧技术是目前生活垃圾处理的有效途径之一，是指将垃圾作为固体燃料送入垃圾焚烧炉中，生活垃圾中可燃成分在800~1 200℃的高温下氧化、热解而被破坏，转化为高温的燃烧气和少量性质稳定的固体废渣的一种技术。

（三）垃圾堆肥处理技术

垃圾堆肥处理是指在控制条件下，通过细菌、真菌、蠕虫和其他生物体使有机垃圾从固态有机物向腐殖质转化，最后达到腐熟稳定、成为有机肥料的过程，这个过程一般伴随有微生物生长、繁殖、消亡和种群演替等现象。

采用堆肥技术处理生活垃圾时，是利用氧气的一种分解过程。该过程一般是在有氧和有水的情况下，对生活垃圾进行分解，它的分解过程可以简单表示为有机物质+好氧菌+氧气+水→二氧化碳+水（蒸汽状态）+硝酸盐+硫酸盐+氧化物。从这个过程可以看出，垃圾堆肥是需要消耗氧气的。

（四）厌氧消化处理技术

厌氧消化处理技术是指以农村有机生活垃圾作为主要原料，使其在严格的厌氧条件下经过水解、酸化、产氢产乙酸、产甲烷4个阶段，以沼气作为最终产物的一种技术。

（五）其他垃圾处理新技术

1. 蚯蚓堆肥技术

蚯蚓堆肥技术是指在微生物的协同作用下，利用蚯蚓本身活跃的代谢系统将垃圾废料分解转化，形成可以利用的土地肥料。使用的蚯蚓主要有正蚓科和巨蚓科的几个属种。该技术成本低、成效高，废物可再利用，有助于丰富资源。采用这一技术时，在完成垃圾处理的同时，还可将蚯蚓作为科研产物进行研究，挖掘更好的用途。该技术有一定的科技含量，在正确的指导下能推广利用。

2. 垃圾衍生燃料技术

垃圾衍生燃料技术是指对垃圾进行破碎筛选得到以可燃物为主体的废物，或者将这些可燃物进一步粉碎、干燥制成固体燃料。该技术有许多优点，比如由于粉碎混合均匀，燃烧完全，热值大，燃烧均匀，燃烧产生的有害气体和固体烟雾少。在南方、北方地区，农村生活垃圾都可以进行能源生产、发电供暖等。但采用这种技术时，燃烧会产生温室气体和一氧化碳，所以有应用前景，但需要进行改进研究。

3. 气化熔融处理技术

该技术将生活垃圾在 600℃ 的高温下热解气化和灰渣在 1 300℃以上熔融这 2 个过程有机结合。农村生活垃圾热解后可产生可燃的气体能源，垃圾中未氧化的金属可以回收。热分解气体燃烧时空气系数较低，能大大降低排烟量，提高能源利用率，减少氮氧化物的排放。这种技术可最大限度地进行垃圾减量、减容，具有处理彻底的优点。但是，该技术能源消耗量大，需要组织集中处理，因此在农村推广使用不太现实，需要政府提供资金支持。

4. 高温高压湿解技术

农村生活垃圾湿解是在湿解反应器内，对农村生活垃圾中的可降解有机质用湿度为 433~443 K、压力为 0.6~0.8 MPa 的蒸汽处理 2 小时后，用喷射阀在 20 秒内排除物料，同时破碎粗大物料并闪蒸蒸汽，再用脱水机进行液固分离。湿解液富含黄腐酸，可用于制造液体肥料或颗粒肥料。脱水后的湿物料可用干燥机进行烘干到水分小于 20%，过筛，粗物料再进行粉碎。高温高压湿解的固形物质可作为制造有机肥的基料，湿解基料富含黄腐酸。高温高压水解法处理农村生活垃圾由垃圾分选系统、垃圾水解系统、垃圾焚烧系统、制肥自动控制系统组成，具有垃圾分选效果好，运行成本低，有机物利用率高，无须添加酸性催化剂，避免了对环境产生二次污染等优点。这说明了高温高压湿解法处理农村生活垃圾具有可行性。

5. 太阳能—生物集成技术

该技术是利用生活垃圾中的食物性垃圾自身携带菌种或外加菌种进行消化反应，应用太阳能作为消化反应过程中所需的能量来源，对食物性垃圾进行卫生、无害化生物处理。在处理过程中利用垃圾本身所产生的液体调节处理体的含水率，不但能够强化厌氧生物量，而且能够为处理体提供充足的营养，从而加速处理体的稳定，在处理过程中产生的臭气可经脱臭后排放。当阴雨天或外界气温较低时，它能依靠消化反应过程中产生的能量来维持生物反应的正常进行。

第三节　乡村生活污水整治

一、农村生活污水的概念和特点

农村生活污水是指居民生活过程中所排放的污水，主要来源有粪尿、洁具冲洗、洗浴、洗衣、厨房用水、房间清洁用水。

农村生活污水具有下列特点。

（1）来源广泛。农村生活污水包括冲厕水、洗涤水、洗浴水和厨房排水等。

（2）难于收集。农村居民居住分布广泛且较为分散，造成污水分散排放，多数村庄无污水排放管网，污水收集率低，以直接排放为主，污水沿道路边沟或路面排放至就近的水体。

（3）排放量大。随着城镇化进程加快，农村常住人口逐年减少，虽然农村生活污水排放量呈现降低趋势，但排放量依然非常大，2018 年农村生活污水累计排放 136.7 亿$米^3$。

（4）处理率低。我国农村污水处理率较低，2016 年，村镇污水处理率仅为 22%。大量农村生活污水未经处理排出，已成为农村湖泊和河流富营养化等环境污染的主要原因之一。

（5）产生量区域差异大。我国东北、华北、东南、西北、西南、中南等地区农村生活用水量和排水量差异显著，呈现经济发达地区高于经济落后地区，南方地区高于北方地区的趋势。

二、我国农村生活污水的污染情况

农村生活污水排放造成的环境污染日趋严重。2018 年，我国乡村人口为 5.64 亿人，农村居民人均日生活用水量 83 升，排放系数按 0.8 估算，2018 年农村生活污水累计排放 136.7 亿$米^3$。

我国农村污水处理率较低，截至 2016 年，村镇污水处理率仅为 22%，远低于城镇 90%以上的污水处理率。未经处理的农村生活污水自流进入河流、湖泊和池塘等地表水体或渗入地下，严重超过水体自净能力，已成为引发河、沟、塘、池等水体富营养化或黑臭的主要原因之一。同时，生活污水也是疾病传染扩散的源头，容易造成地区传染病和人畜共患病的发生与流行。

三、农村污水处理的必要性

（一）缓解水资源短缺的需要

当前，我国农村地区，特别是北方农村地区面临水资源缺乏的问题，农村生活污水的随意排放造成了水资源的浪费，需要利用技术手段处理农村生活污水，实现水资源的循环利用，有效缓解水资源短缺的需求。

（二）改善农村生态环境的需要

随着农村居民生活水平的不断提升，农村污水排放量日益增加。目前，我国农村环境卫生设施配备不足，农民环保意识不强，农村环境卫生状况较差，应加强农村生活污水处理，完善相应配套设施，改善农村卫生环境，为农村的生活营造更为健康和谐的生态环境。

（三）实施乡村振兴战略的必然之举

农村生产环境、生活环境和生活质量的改善和提高，既有利于农村乡风文明、治理有效、生活富裕的实现，又有利于农民生活质量的提升。加强对农村生活污水的处理，是产业兴旺、生态宜居的重要环节，需引起相关部门的高度重视。

四、农村生活污水处理模式

（一）城乡统一处理模式

城乡统一处理方式是指邻近市区或城镇可铺设污水管网的村落，当污水收集后接入邻近的市政污水管网，由城镇污水处理厂统一处理。该方式在村庄附近无须就地建设污水处理站，具有较高的经济性。但对村落条件要求高，适用于2种类型的村庄：一是村落内市政污水管道直接穿过；二是生活污水可依靠重力流直接流入市政污水管网，且距离市政污水管网5千米内的城市近郊村庄。有些学者认为，在合理的条件下城乡统一处理最具经济性，农村生活污水处理应按照集中收集污水接入城镇污水管网处理—集中收集污水就地处理—分散处理的次序进行选择。相比于其他模式，城乡统一处理的优势在于处理效果最具保证，水量水质变化对工程影响小，工程生命周期长，管护方便等，但是一旦村庄距离的市政管网较远或是村庄人口较少，城乡统一处理将产生很高的管道建设费用从而不经济，使这种模式仅局限于距离市政污水管道较近的农村地区。

（二）村落集中处理模式

村落集中处理模式针对村庄农户居住集中、全部或部分具备管网铺设条件的村落，也是我国农村生活污水处理中普遍应用的方式，通过在村庄附近建设一处农村生活污水处理设施，将村庄内全部污水集中收集输送至此就地处理。就我国广大农村区域而言，某些村落生活污水无法集中纳入市政管网，村落之间呈连片或独立分散分布，地势平坦，人口居住较为集中，该方式能够满足现阶段大部分需要建设处理工程的村落特征，成为当前国内外处理生活污水的新理念。该模式需要一定的基建费用以及日常维护工作，适用于距离城市管网较远的农村居民集中居住地和居民小区生活污水的收集和处理。

（三）农户分散处理模式

农户分散处理模式主要针对当前无法集中铺设管网或集中收集处理的村落，在这种情况下对污水处理有 2 种方式：一是在农户自身庭院内建设污水处理设施或采用移动污水处理车进行污水处理，从而达到净化水质的目的，这种处理方式适用于居住较为分散的山区，由于农户居住分布较远，管网建设费用较高，加上村落规模较小，仅由几户构成，且临近没有污水处理站；二是运用污水运输车将农户污水统一输送至就近污水处理站，这种方式适合在农户居住附近具有污水处理站，虽然无法铺设管网，但是可联合其他农户集中处理污水。

五、农村生活污水处理技术

（一）化粪池技术

化粪池是一种利用沉淀和厌氧微生物发酵的原理，以去除生活污水中悬浮物、有机物和病原微生物为主要目标的小型污水初级处理构筑物。化粪池技术是农村最普遍的一种分散污水处理技术（初级处理）。

化粪池可作为临时性或简易的排水措施，亦可用作污水处理系统的预处理设施，对截流和沉淀污水中的大颗粒杂质，防止污水管道堵塞，减少管道埋深起到积极作用。同时，池底沉积的污泥可用作有机肥。

（二）沼气池技术

农村沼气池技术是以农作物秸秆、人畜粪便、农村生活污水等为发酵原料，在一定温度、湿度、酸碱度及厌氧发酵条件下，通过微生物作用将有机物质（碳水化合物、脂肪、蛋白质等）消化分解，生成沼气、沼液和沼渣的过程，达到污水净化，资源化利用的目的。

（三）土地渗滤处理系统

土地渗滤处理系统是一种经过人工强化的污水生态工程处理技术，它充分利用在地表下面的土壤中栖息的土壤动物、土壤微生物、植物根系以及土壤所具有的物理、化学特性将污水净化，属于小型的污水土地处理系统。

（四）人工湿地处理技术

人工湿地是在一定长、宽比及底面具有坡度的洼地中，填装砾石、沸石、钢渣、细砂等基质混合组成基质床，床体表面种植成活率高、吸收氮磷效率高的芦苇等水生植物，污水在基质缝隙或床体表面流动的、具有净化污水功能的人工生态系统。

（五）污水生物处理技术

污水生物处理过程是指利用微生物的新陈代谢把污水中存在的各种溶解态或胶体状态的有机污染物转化为稳定的无害化物质。按照污水处理生物反应器中微生物的生长状态，污水生物处理技术可分为以活性污泥为代表的悬浮生长工艺和以生物膜法为代表的附着生长工艺。

第四节　乡村畜禽粪污治理

一、畜禽粪便肥料化利用技术

（一）直接施肥

该模式的核心是将养殖业产生的畜禽粪便，直接排放到农田，经过在农田的自然堆沤，为农田提供有机质、氮磷钾等养分，用于农田作物的生长发育。通过畜禽粪便缓慢地自然发酵转变为有机肥，将种植业和养殖业有机结合，达到物质和能量在种植业和养殖业之间循环流通的目的。此种模式将畜禽养殖排出的粪便不经任何处理直接用作肥料施入田间，无须专门的设备，节省了费用，省去了粪便处理的时间。然而畜禽粪便不做任何处理直接用作肥料，存在许多缺点。

（1）传染病虫害。畜禽粪便中含有大量的大肠杆菌、线虫等有碍健康的微生物，直接施用会导致病虫害的传播，使作物发病，对人体健康产生坏的影响；未腐熟有机物质中还含有植物病虫害的侵染源。施入土壤后会导致植物病虫害的发生。

（2）发酵烧苗。未发酵的粪便施入地里后，当发酵条件具备时，在微生物的活动下，生粪发酵，当发酵部位距植物根部较近，或作物植株较小时发酵产生的热量会影响作物生长，严重时会导致植株死亡。

（3）毒气危害。生粪在分解过程中产生甲烷、氨等有害气体，使土壤中作物产生酸害和根系损伤。

（4）土壤缺氧。有机物质在分解过程中消耗土壤中的氧气，使土壤暂时性地处于缺氧状态，在这种缺氧状态下，会使作物生长受到抑制。

（5）肥效缓慢。未发酵腐熟的有机肥料中养分多为有机态或缓效态，不能被作物直接吸收利用。只有分解转化成速效态才能被作物吸收利用。所以未发酵直接施用使肥效减慢。

（6）污染环境。养殖场采用直接施用方式消纳粪便，在农作物施肥高峰时粪便还可处理掉；施肥淡季，粪便无人问津，只好任凭堆积，风吹雨淋，肥效流失，污染环境。

（7）运输不便。未经处理直接使用，粪便体积大，有效性低，运输不便，使用不方便。

为了防止畜禽粪便引起的环境问题，提高施肥效果，要求粪便必须处理后才允许施入农田。随着人们环保意识的增强，和施肥规范的完善，应强制要求畜禽粪便必须腐熟后才能施用。

（二）现代堆肥发酵

传统的堆肥技术通常露天堆积，堆料内部处于厌氧环境，这种发酵方法占地大、时间长而且发酵不彻底。现代堆肥工艺通常采用好氧堆肥工艺，其基本堆肥流程包括前处理、一次发酵、二次发酵、后处理和储藏等工序。

（1）前处理。前处理的主要任务是调整水分和C/N。前处理的工作还包含粉碎、分选和筛分等工序。这些工序可以去除粗大的玻璃、石头、塑料布等粗大垃圾和不能堆肥的垃圾，并通过粉碎使堆肥原料的含水率达到一定程度的均匀化，同时在堆肥过程中保持一定的孔隙。使原料的表面积增加，便于微生物定植和活动，从而提高发酵的效率。在此阶段降低水分、增加透气性和调整 C/N 的主要措施是添加有机调理剂和膨胀剂。如加入堆肥腐熟物，调节起始物料的含水率，或者添加锯末、秸秆、稻壳、枯枝落叶、花生壳、褐煤、沸石等。

（2）一次发酵。一次发酵又称为主发酵。现代堆肥中通常将堆料置于发酵池（装置）内，通过翻堆或者强制通风向堆料中供应氧气。堆料在嗜温菌的作用下开始新陈代谢，首先将易分解的物质分解为二氧化碳和水，同时产生热量，使堆温上升。在温度上升到 45～65℃时，嗜热菌取代嗜温菌。此时要注意避免温度过高。在温度过高时通过翻堆通风的方式进行调整。在保持高温一段时间后，堆料中的各种病原菌被高温杀灭，堆肥温度逐渐下降。一次发酵通常维持 4～12 天，是从堆肥至温度升到最高再开始下降的那段时间，即包括起始阶段和高温阶段。

（3）二次发酵。二次发酵又称为后发酵。此阶段接着上述一次发酵的产物继续进行分解。将一次发酵阶段未分解和分解不彻底的有机物进一步分解转化为腐植酸、氨基酸等比较稳定的有机物，实现堆肥产品的完全腐熟。此阶段时间较长，通常在 20～30 天。

（4）后处理。对于经过一次发酵和二次发酵的堆肥产物，已经成为粗有机肥产品，可以直接用于农田、果园、菜园等，也可经过进一步的精选，制成精有机肥产品，或者根据市场需求和生产要求，添加氮磷钾等制成有机—无机复合肥，做成袋装产品，用于种植业、林业生产之中。

二、畜禽粪便饲料化利用技术

畜禽粪便饲料化处理的方法包括以下几种。

（一）新鲜粪便直接作饲料

新鲜粪便用作家畜饲料，简便易行。将鲜兔粪按照 3：1 代替麸皮拌料喂猪，平均每增重 1 千克活重节省 0.96 千克饲料，且猪的增重、屠宰率和品质与对照组没有差异。

鸡粪尤其适于该方法。由于鸡的消化道短，食物从吃入到排出约 4 小时，所食饲料的 70%左右的营养物质未被消化而直接排出。在排出的鸡粪中按照干物质计算，粗蛋白含量为 20%～30%，氨基酸含量与玉米等谷物相当，甚至还高，富含微量元素等。因此，可以利用鸡粪代替部分精料来饲喂猪、牛等家畜。正如前面所述，鸡粪做饲料的安全性问题不容忽视。鸡粪中含有吲哚、脂类、尿素，其中还有病原微生物、寄生虫等，由于其复杂的成分组成，鸡粪在家畜饲料时容易造成畜禽间交叉感染或传染病暴发。因此，在使用前可以用福尔马林溶液等化学药剂进行喷洒搅拌，24 小时后其中的吲哚、脂类、尿素、病原微生物等就可以被去除。也可以用接种米曲霉和白地霉，再用瓮灶蒸锅杀菌达到去除有害物质和病原微生物的目的。

（二）青贮

该方法简单易行，效果好，使用较为普遍。具体的做法是将新鲜禽粪与其他饲草、糠麸、玉米粉等混合，调节混合物的含水量为 40%左右，装入塑料袋或者其他容器内压实，在密闭条件下进行储藏，经过 20～40 天即可使用。该方法处理过的饲料能够杀死粪便中的病原微生物、寄生虫等，尤其适于在血吸虫病流行的地区使用。处理过的饲料还具有特殊的酸香味道，可以提高饲料的适口性。

（三）干燥法

该方法主要是利用高温，使畜禽粪便中迅速失水。该方法处理效率高效，且设备简单，投资少。经过处理的粪便干燥后，不仅能更好地保存其中的营养物质，且微生物数量大大减少，无臭气，也便于运输和储存，满足卫生防疫和商品饲料的生产要求。常用的技术有自然干燥、高温快速干燥和烘干等。

（四）发酵法

1. 普通发酵法

该方法主要是利用畜禽粪便中原有的微生物在合适的条件下进行新陈代谢，在产生热量的同时，消灭粪便中的病原微生物、寄生虫卵和杂草种子等。

以鸡粪为例，将玉米粉、棉粕或菜粕按照 1∶1 的比例，其中添加 0.5%的食盐，搅拌均匀制成混合料。根据鲜鸡粪的含水率加入预制的混合料，调整物料用手紧握能成团，轻触即散的状态。然后堆置成高 0.6 米，宽 1.0 米的梯形堆，长度根据空间而定，没有限制。堆积时让物料保持自然松散的状态，不可踩压。在堆积完成后，表面覆盖草帘、秸秆等透气保温材料。堆料中本有的微生物开始分解其中的有机物，同时产热，维持堆体的温度 55~65℃就可以灭绝绝大多数病原微生物和寄生虫卵，并将鸡粪中的非蛋白氮转化为菌体蛋白，同时产生 B 族维生素、抗生素及酶类等有益成分。一般堆积 36 小时后即进行一次翻堆，期间如果堆体温度下降，则说明堆体中的氧气耗尽，需要及时进行翻堆增氧。翻堆后 2~3 天可将发酵料在日光下暴晒干燥，干燥后的鸡粪发酵料粉碎，去除其中的鸡毛等杂质，即可装袋用于家畜饲喂。用该方法生产的鸡粪饲料具有清香味，适口性很好。

在发酵前，也可在发酵料中添加适量的能量饲料或者遮挡鸡粪不良气味的香味剂，如水果香型、谷香型等，以增强适口性。

为了弥补鸡粪中粗蛋白可利用能值较低，与玉米粉等能量饲料混合，调整能氮比，用于促进瘤胃微生物群落发育，增强牛、羊等反刍家畜对鸡粪饲料的适应性。也可考虑将发酵产物制成颗粒型饲料，方便运输、储藏和食用。

2. 两段发酵法

两段发酵法是在新鲜鸡粪中添加外源微生物，通过好氧发酵与厌氧发酵相结合的方法制备饲料。具体的制作技术如下。

将新鲜的鸡粪进行去杂，去除鸡毛、塑料等不适于发酵的杂物。然后按照 32.5%的鲜鸡粪、40%木薯粉或米糠、15%麸皮、10%玉米面、2%食盐的比例，并加入 0.5%已激活的活性多酶糖化菌进行充分搅拌。调节混合物料的含水量达到 60%左右。即以手握物料指缝中见水而不滴下为宜。然后用塑料布覆盖堆料，保持在 28~37℃进行好氧发酵，发酵 12 小时后翻堆，继续好氧发酵 24 小时。然后将堆料装入水泥池或者足够大的容器中，层层压实，在堆体上面覆盖一层塑料布，并用细沙等覆盖，确保不透气。继续进行厌氧发酵，期间会产生挥发性脂肪酸和乳酸等有机酸性物质，能显著抑制白痢杆菌等肠道病菌的繁殖，提高食用畜禽的抗病性。经过 10~15 天后，即可制成无菌、营养丰富、颜色金黄、散发苹果香味的饲料。制成的饲料还可以通过自然晾晒或者机械烘干的方式进一步脱水加工制成颗粒饲料。

3. 现代发酵法

随着畜禽养殖规模化、集约化程度提高，畜禽粪便的产量大增，以上发酵方法不适于大规模处理，可以利用翻堆机进行规模化好氧发酵。发酵过的畜禽粪便产物应用灵活，既可以用于饲料，也可以用作肥料，还可以用于水产饲料的添加剂。

（五）分解法

该方法是利用畜禽粪便饲养蝇、蛆、蚯蚓、蜗牛等动物，再将动物粉碎加工成粉状或浆状，用以饲喂畜禽。蝇、蛆、蚯蚓、蜗牛等动物将畜禽粪便中的有机物转化成自身的生长发育，这些动物体内含有丰富的蛋白，都是很好的动物性蛋白质饲料，且品质很高。

三、畜禽养殖生物发酵床养殖技术

发酵床养殖技术是综合利用微生物学、营养学、生态学、发酵工程学、热力学原理，以活性功能微生物作为物质能量“转换中枢”的一种生态环保养殖方式。其技术核心在于利用活性微生物复合菌群，长期、持续、稳定地将动物粪尿完全降解为优质有机肥和能量。实现养猪无排放、无污染、无臭气，彻底解决规模养猪场的环境污染问题的一种养殖方式。发酵床养猪技术是一种无污染、零排放的有机农业技术，是利用我们周围自然环境的生物资源，即采集本地土壤中的多种有益微生物，通过对这些微生物进行培养、扩繁，形成有相当活力的微生物菌种，再按一定比例将微生物菌种、锯木屑以及一定量的辅助材料和活性剂混合、发酵形成有机垫料。在经过特殊设计的猪舍里，填入上述有机垫料，再将仔猪放入猪舍。猪从小到大都生活在这种有机垫料上面，猪的排泄物被有机垫料里的微生物迅速降解、消化，不再需要对猪的排泄物进行人工清理，达到零排放，生产出有机猪肉，同时达到减少对环境污染的目的。

发酵床养猪技术的原理是运用土壤里自然生长的、被称为土壤微生物，迅速降解、消化猪的排泄物。生产者能够很容易地采集到土壤微生物，并进行培养、繁殖和广泛运用。发酵床养猪技术可以很好地解决现代养猪遇到的难题，达到养猪无污染的目的。一是减轻对环境的污染。采用发酵床养猪技术后，由于有机垫料里含有相当活性的土壤微生物，能够迅速有效地降解、消化猪的排泄物，不再需要对猪粪尿采用清扫排放，也不会形成大量的冲圈污水，从而没有任何废弃物排出养猪场，真正达到养猪零排放的目的。猪舍里不会臭气冲天和苍蝇滋生。二是改善猪舍环境、提高猪肉品质。发酵床结合特殊猪舍，使猪舍通风透气、阳光普照、温湿度均适合于猪的生长，再加上运动量的增加，猪能够健康地生长发育，几乎没有猪病发生，也不再使用抗生素、抗菌性药物，提高了猪肉品质，生产出真正意义上的有机猪肉。三是变废为宝、提高饲料利用率。在发酵制作有机垫料时，需按一定比例将锯木屑等加入，通过土壤微生物的发酵，这些配料部分转化为猪的饲料。同时，由于猪健康地生长发育，饲料的转化率提高，一般可以节省饲料 20%～30%。四是省工节本、提高效益。由于发酵床养猪技术不需要用水冲猪舍、不需要每天清除猪粪；生猪体内无寄生虫、无须治病；采用自动给食、自动饮水技术等众多优势，达到了省工节本的目的。

第五节　农村厕所改造

一、粪便疾病的传播与处理

（一）粪便的病原体

能引起疾病的生物体统称为病原体。主要包括细菌、真菌、病毒、支原体、衣原体、立克次氏体、螺旋体和寄生虫等。粪便中含有大量肠道致病菌、寄生虫卵和病毒等病原体，这些就是粪便中的致病源。

（二）粪便传播的疾病

粪便含有大量的肠道致病菌、寄生虫卵和病毒等病原体。如果不作处理直接排放，就会污染环境、滋生蚊蝇、传播疾病，对人体健康造成危害。粪便是许多疾病的传染源，包括 3 类约 100 多种疾病。

（1）细菌性疾病。细菌性痢疾、霍乱、伤寒与副伤寒等。

（2）病毒性疾病。病毒性肝炎、脊髓灰质炎等。

（3）寄生虫性疾病。血吸虫病、蛔虫病、钩虫病、肝吸虫病、绦虫病等。

据统计，世界上约有 80%的传染性疾病是由于人类粪便污染饮用水源和环境导致的。

（三）粪便传播疾病的途径

（1）粪便→手→口→疾病。便后不洗手，粪便里的细菌和虫卵就会通过手口进入人体使人得病。

（2）粪便→蚊蝇→食物→口→疾病。粪便暴露易滋生蚊蝇，蚊蝇携带粪便中的致病微生物会污染食物和餐具，人吃了被污染的食物容易得病。

（3）粪便→土壤→食物→口→疾病。粪便不经过处理直接施肥，致病微生物就会经土壤污染食物，人吃了容易得病。

（4）粪便→水→食物→口→疾病。粪便管理不当污染水源，用被污染的水清洗食物会传播疾病。

（5）粪便→土壤或水→皮肤→疾病。粪便未经过处理污染了土壤或水，人接触到含病原体的土壤或水后容易得病。

（四）粪便无害化处理

粪便无害化处理就是利用物理、化学或生物方法，消减、去除或杀灭粪便内的致病菌、病毒和寄生虫卵等病原体，能控制蚊蝇滋生，防止恶臭扩散并使其处理产物能直接资源化利用。

粪便经无害化处理后可以作为肥料，但因含有丰富的氮、磷等营养元素，不可排入水体，否则会造成水体富营养化。

二、卫生厕所要求与标准

卫生厕所是指厕屋有墙、有顶、有门，厕屋清洁、无臭，粪池无渗漏、无粪便暴露、无蝇蛆。粪便就地处理或适时清除处理，达到无害化卫生要求；或通过下水管道进入集中污水处理系统处理后达到排放要求，不污染周围环境和水源。

（一）卫生厕所基本要求

（1）从厕所建设方面来说，地上无粪便暴露，眼睛看不到粪便，鼻子闻不到臭味。

（2）从维护管理方面来说，地下不渗不漏，粪便进行无害化处理，不对环境造成污染。

如果厕所建设不符合要求，那么就不是卫生厕所；即使建设符合要求，但管理维护不规范，同样也不是卫生厕所。

（二）无害化卫生厕所

根据《农村户厕卫生规范》（GB 19379—2012）的规定，无害化厕所是指按照规范要求使用时，具备有效降低粪便中生物性致病因子传染性设施的卫生厕所，包括三格化粪池式厕所、双瓮漏斗式厕所、三联通式沼气池厕所、粪尿分集式厕所、双坑交替式厕所和具有完整上下水道系统及污水处理设施的水冲式厕所。

无害化卫生厕所必须有三格化粪池等能够杀灭或去除生物性致病因子的粪便无害化处理设施，能够减少粪便对人体健康的危害，减少对环境的污染，是卫生厕所的升级版。在已普及卫生厕所的地区，可以逐步升级为无害化卫生厕所。有条件的地区，可以一步到位建设无害化卫生厕所。

（三）卫生厕所的标准规范

（1）《农村户厕卫生规范》（GB 19379—2012）。规定了农村户厕、卫生要求及卫生评价方法，适用于农村户厕的规划、设计、建筑、管理和卫生监督、监测，推荐了6种无害化卫生厕所类型。

(2)《粪便无害化卫生要求》(GB 7959—2012)。规定了粪便无害化卫生要求限值和粪便处理卫生质量监测检验方法。适用于城乡户厕、粪便处理厂（场）和小型粪便无害化处理设施，处理效果的监督检测和卫生评价。

(3)《农村户厕建设规范》(全国爱国卫生运动委员会办公室，2018)。规定了农村户厕建设的基本要求，规划设计、施工建设、维护管理、监管评价等，适用于农村地区户用厕所的新建、改建工作。

(4)《农村户厕建设技术要求（试行）》(国家卫生健康委办公厅和农业农村部办公厅，2019)。规定了农村户厕规划建设及维护管理的基本要求，适用于农村户厕新建、改建。

三、农村改厕组织实施

（一）农村改厕实施方案应考虑内容

(1) 地理环境、气候条件。如山区、平原的不同特点，干旱缺水、寒冷气候等。

(2) 农民改厕意愿。结合经济水平、农民生产生活习惯，如习惯用水厕或旱厕，有无养殖种植和使用农家肥等情况，充分尊重农民改厕意愿。经济条件好的，可以选择质量好、价格高的厕具产品和厕所类型；经济条件差的，可以选择实用的、较廉价的厕具产品和厕所类型。

(3) 结合乡村振兴、脱贫攻坚、改善农村人居环境等规划，统筹考虑。

(4) 按照村庄类型，突出乡村优势特色，体现农村风土人情。

（5）编制年度任务、资金安排、保障措施等。

（二）干旱地区农村改厕注意事项

（1）可考虑用免水冲或少水冲的改厕技术类型，如粪尿分集式、双坑交替式、生物填料旱厕等，也可选择循环用水冲的或节水的便器。

（2）选择造价适中、使用方便、维护简单的厕所，要适合农民的收入水平并满足农民的卫生需求。

（3）注重厕所的安全、卫生，旱厕改造要保证粪便无暴露和无害化，不会对生态环境造成污染。

（4）注意改厕的可持续性和粪污资源化利用。旱厕技术要保证具有可持续性，厕具品质坚固耐用，尽量选用粪污可资源化的改厕类型。

（三）寒冷地区农村改厕注意事项

（1）应充分考虑采用厕所入室的方式，解决如厕舒适和厕所防冻问题。

（2）入室条件不具备的情况下，可选择卫生旱厕类型，如粪尿分集式、双坑交替式等类型。

（3）对有用肥需求的农户，要考虑农作物的施肥周期，适当扩大化粪池容积，延长清粪周期。

（4）使用生物填料旱厕、净化槽等微生物技术厕所，要考虑保持适宜的温度，综合考虑运行管理成本。

（5）对采用三格化粪池式厕所和双瓮（格）式厕所的，要尽量使用整体式、免组装的成型产品，并埋至冻土层以下。

（四）严把厕具产品质量关

（1）相关材料设备要具备质量鉴定报告，地下部分应明确设计使用寿命。

（2）有条件的地方要对材料设备进行现场抽样送检，由专人或专门机构进行质量把关。

(3) 在评选改厕产品和厂家过程中，要广泛听取村民代表和技术人员意见。

(4) 开展招标采购的项目要严格按程序执行，中标单位要全程提供设备安装指导服务。

(5) 要充分了解产品市场信息，严肃查处相互串通哄抬产品价格、获取非法利益的行为。

(五) 加强施工质量监管

(1) 要由培训合格的施工人员严格按标准要求进行改厕，或在专业技术人员的指导下组织村民进行施工。

(2) 严格落实工程质量责任制，明确施工队伍的保修责任。

(3) 不得随意转包分包，不得擅自更改设计内容和工程量，不得随意压缩合理工期，强化工程施工日志管理，以备核查。

(4) 强化施工全过程监管，探索建立由乡镇政府主管、第三方监理、村民代表监督的全方位监管体系。

(六) 农村公共厕所建设注意事项

(1) 方便村民。应根据区域经济发展水平、特点和村民习惯，设置农村公共厕所。一般每个行政村至少设置 1 处农村公厕，50~100 人的自然村，也宜设置 1 个，使用人数少时，可设置单蹲位的厕所。按服务人口设置时，宜为 200~500 人/座，公厕服务半径不宜超过 500 米。

(2) 合理确定厕所蹲位数及男女蹲位比例。一般公厕不需设置过多蹲位，女性与男性蹲位比不低于 3：2。

(3) 合理选择公厕位置。公厕的位置应选在主要街巷、道口、广场、集贸市场和公共活动场所等人口较集中且方便到达的区域，避免建成后由于太远而无人使用的现象，具体位置应选择在地势较高、不易积水、村庄常年主导风向的下风口，还应便于维护管理、出粪和清渣。

（4）合理选用公厕类型。公厕的类型应根据当地气候特征、供水条件、村民习惯、管理能力等科学确定，高寒干旱地区、供水保证率低（如每日定时供水）的地区，宜选择使用方便、管理简单、卫生无味的无水冲厕所模式；供水条件较好、冬季受冰冻影响小以及防冻措施得当的条件下可以建设水冲式厕所，并建设一定容积的三格化粪池或污水处理设备处理污水，不得将冲厕污水直接排入河流和水沟内。冬季应采取必要的防冻措施，尽量利用自然能，避免采用空调、地暖等高能耗方式解决农村公厕防冻问题。

（5）厕所的设计应与周边环境和建筑相协调，体现乡村气息和地方特色。可采用砖砌、石砌或其他地方常用的材料和结构建设，厕屋应通风良好、有防蚊蝇措施。根据需要设置残疾人便器、儿童便器等辅助设施。

参考文献

高秀清, 2017. 农村生态环境建设与清洁能源技术[M]. 北京: 中国水利水电出版社.

李灵娜, 2019. 农村生活污水处理工艺与技术应用[M]. 延吉: 延边大学出版社.

孙洪欣, 杨铮铮, 2018. 农村垃圾分类与处理[M]. 石家庄: 河北科学技术出版社.

王宜伦, 2018. 乡村振兴战略 生态宜居篇[M]. 北京: 中国农业出版社,

张琪, 2011. 社会保障概论[M]. 北京: 中国劳动社会保障出版社.

张学东, 陈桂金, 2012. 农村社会事业管理知识读本[M]. 北京: 中国农业科学技术出版社.

中国社会保障学会, 2016. 中国社会保障发展报告[M]. 北京: 人民出版社.

周晖, 2011. 农村社会事业管理[M]. 北京: 中国农业科学技术出版社.

朱再, 苏占军, 康占海, 2016. 生态农业与美丽乡村建设[M]. 北京: 中国林业出版社.